D1397942

La variation dialectale en grammaire universelle

La variation dialectale en grammaire universelle

Yves Roberge
University of Toronto

Marie-Thérèse Vinet
Université de Sherbrooke

1989
LES PRESSES DE L'UNIVERSITÉ DE MONTRÉAL
C.P. 6128, succ. A, Montréal (QC), Canada, H3C 3J7
LES ÉDITIONS DE L'UNIVERSITÉ DE SHERBROOKE
Sherbrooke (QC), Canada, J1K 2R1

Cet ouvrage a été publié grâce à une subvention de la Fédération
canadienne des études humaines, dont les fonds proviennent du Conseil
de recherches en sciences humaines du Canada.

ISBN 2-7606-1504-9
Dépôt légal, 3ᵉ trimestre 1989 - Bibliothèque nationale du Québec
Tous droits de reproduction, d'adaption ou de traduction réservés
© Les Presses de l'Université de Montréal, 1989

AVANT-PROPOS

Ce livre s'adresse à ceux et celles qui s'intéressent à la recherche en dialectologie et en grammaire générative. Il pourrait de plus servir de manuel pour un cours avancé sur la variation dialectale ou, plus généralement, sur la syntaxe des langues romanes. Nous supposons un certain degré de familiarité avec les concepts principaux de la théorie du gouvernement et du liage.

En plus des lecteurs anonymes, nous désirons remercier les personnes suivantes pour l'aide qu'elles nous ont fournie: MANUELA AMBAR, ADRIANA BELLETTI, SUSANNE CARROLL, JACK CHAMBERS, ELIZABETH COWPER, ELAN DRESHER, JOHN GOLDBERG (frioulan), JACQUELINE GUÉRON, MARIA RITA MANZINI, DIANE MASSAM, GUY NEPHTALI, IAN ROBERTS, MICHAEL ROCHEMONT, TONY SCAINI (frioulan), CLAU SOLER (romanche), et LUIGI RIZZI pour avoir accepté de préfacer notre ouvrage.

Les recherches incluses dans cet ouvrage ont été partiellement subventionnées par le Conseil de recherches en sciences humaines du Canada (410-87-0910), par le fonds FCAR du Gouvernement du Québec (87-EQ-3331) et par une bourse de travail libre (VINET, CRSHC 451-86-3983).

PRÉFACE

Une théorie de la syntaxe comparative.

Au cours des dix dernières années de recherche linguistique, on a pu observer une remarquable croissance de l'intérêt théorique pour les études comparatives. La nouvelle syntaxe comparative diffère de la tradition comparatiste classique en ce que son objectif fondamental n'est pas historique mais psychologique. Le cadre conceptuel de référence est celui de la grammaire générative: il s'agit de construire des modèles explicites du savoir linguistique implicite des locuteurs, et d'essayer de comprendre la nature de la faculté du langage, cette capacité cognitive propre à l'espèce humaine qui nous permet d'apprendre une langue naturelle dès la jeune enfance. La question de l'inné et de l'acquis est l'un des problèmes empiriques fondamentaux du programme de recherche, et elle se pose inéluctablement. Quels sont les rôles respectifs de l'expérience et des propriétés intrinsèques de l'esprit humain, biologiquement déterminées et propres à notre espèce, dans la construction de ce système de connaissance extraordinairement complexe qu'est le savoir linguistique du locuteur adulte?

Pour développer adéquatement cette question, il faut, entre autres, déterminer empiriquement les propriétés linguistiques qui sont universelles et constantes à travers les langues, et celles qui varient d'une langue à l'autre. Pour ce qui est des propriétés linguistiques variables, il s'agit également de déterminer les limites de la variation possible. Ce type d'information, qui ne peut être obtenu que par l'étude comparative, est d'une importance décisive pour les buts cognitifs du programme de recherche en grammaire générative. Chaque fois que nous identifions une propriété linguistique variable, nous pouvons être sûrs que son acquisition met en jeu, directement ou indirectement, un facteur d'expérience (dans l'hypothèse raisonnable où les propriétés biologiquement déterminées ne varient pas significativement à travers l'espèce humaine, mis à part les cas de pathologie grave). Également importante est l'identification de l'invariance et des limites à la variation possible. Quand nous trouvons des propriétés non banales qui sont strictement invariantes à travers les langues, ou dont la variation est très limitée par rapport aux possibilités concevables a priori, il est raisonnable d'attribuer l'invariance ou les limites observées à des contraintes intrinsèques, biologiquement déterminées, de nos structures mentales.

Pour donner un exemple simple, considérons le phénomène de l'accord grammatical. Dans beaucoup de langues familières, il existe un accord en traits grammaticaux entre le sujet et le verbe; certaines affichent aussi un accord entre le verbe et l'objet ou un autre complément verbal; d'autres enfin n'ont pas de phénomène d'accord du tout. Il faut donc admettre un certain spectre de variation pour ce phénomène. Une telle variété ne doit pourtant pas empêcher le chercheur d'observer l'uniformité sous-jacente: le spectre est effectivement bien délimité. On ne peut observer dans aucune langue une règle d'accord « à distance », entre un verbe principal et l'objet d'une phrase subordonnée par exemple; l'accord est donc toujours « local ». Ce qui est plus significatif, c'est que la localité est toujours définie dans les mêmes termes, qui ne sont pas du tout évidents a priori. Aucune règle d'accord ne semble sensible à la simple contiguïté linéaire, où, par exemple, l'accord verbal serait déterminé par le nom *filles* dans des phrases comme: *À quelles filles a parlé Jean?*, *Le frère de ces filles est ici*, etc. On ne trouve jamais de cas où l'accord serait déclenché par le nom ou syntagme nominal contigu au verbe, quelle que soit sa fonction. Par contre, l'accord est toujours localement gouverné par le syntagme qui a une certaine relation grammaticale avec le verbe accordé (le sujet en français, l'objet dans d'autres langues, etc.). Le fait que les processus d'accord soient systématiquement sensibles à la fonction grammaticale, et jamais à une relation formellement bien plus simple comme la contiguïté ne peut pas être accidentel, car le même « accident » ne pourrait pas se répéter des centaines de fois, d'une langue à l'autre. Évidemment, nous sommes prédisposés à construire des systèmes grammaticaux en fonction de relations configurationnelles complexes, plutôt que d'adjacence ou d'autres notions purement linéaires.

Nous appelons *grammaire universelle* la théorie abstraite des propriétés linguistiques prédéterminées par la structure intrinsèque de l'esprit humain. Nous pouvons conceptualiser la grammaire universelle comme une fonction complexe, avec un certain nombre de variables indépendantes, ou *paramètres*. Les principes de la grammaire universelle, invariants, définissent la nature de la fonction. Les paramètres caractérisent l'espace limité de la variation possible. Apprendre une langue veut dire, dans ce cadre conceptuel, fixer les paramètres sur la base de l'expérience, et dériver ainsi une instantiation spécifique de la grammaire universelle, la grammaire d'une langue particulière.

Pour reprendre l'exemple précédent, les principes de la grammaire universelle restreindront les phénomènes d'accord verbal aux syntagmes nominaux qui sont dans la relation structurale complexe de rection grammaticale (*government*) avec l'élément qui s'accorde, à l'exclusion de toute autre relation possible. Certains types d'accord, concevables mais jamais attestés, seront donc exclus a priori par la grammaire universelle et l'apprenant ne les prendra pas en considération au cours de l'apprentissage. Par contre, l'apprenant devra fixer sur la base de l'expérience les paramètres du module de l'accord, c'est-à-dire découvrir quelles relations grammaticales (s'il y en a) déterminent l'accord dans la langue à laquelle il est exposé.

Les paramètres de la grammaire universelle peuvent être conceptualisés comme les points de bifurcation fondamentaux du système grammatical général, les différences irréductibles entre les systèmes grammaticaux particuliers. Afin d'identifier empiriquement ces points de fracture primitifs, il est essentiel de focaliser le travail comparatif sur des systèmes grammaticaux assez proches. En effet, des langues dont la structure globale est très éloignée permettraient plus difficilement d'isoler des différences primitives plausibles, à cause de l'interaction complexe, parfois inextricable, d'une multiplicité de différences observables.

L'étude des variétés dialectales, qui fait l'objet de ce livre, offre donc une occasion privilégiée pour identifier des paramètres. Nous avons affaire, dans l'étude comparative des dialectes, à des systèmes grammaticaux extrêmement proches, qui ne diffèrent que pour un nombre restreint de propriétés fondamentales; ces propriétés sont donc relativement faciles à isoler et à démêler de toute interférence cachée. Dans cette optique, il n'est pas étonnant que la théorie paramétrique ait déterminé un nouvel élan pour les études dialectologiques, surtout dans le domaine de la syntaxe. Elle a également donné à ces études une dimension théorique qui aurait été difficilement prévisible jusqu'à très récemment.

Ce livre offre une initiation clairement argumentée et riche sur le plan empirique à la dialectologie dans le domaine de la nouvelle syntaxe comparative. Sans chercher l'exhaustivité, les auteurs ont développé des études de cas qui illustrent efficacement le champ, la méthode et les problèmes de recherche inhérents à cette approche nouvelle.

Genève, juin 1989

Luigi Rizzi

TABLE DES MATIÈRES

AVANT-PROPOS 7
PRÉFACE PAR Luigi Rizzi 8
TABLEAU DES ABRÉVIATIONS ET SYMBOLES 13

1. LANGUES ET GRAMMAIRES 15
1.0. Introduction 15
1.1. Langues et dialectes 15
    1.1.1. Des grammaires traditionnelles 18
    1.1.2. De la créativité linguistique 20
    1.1.3. De l'acquisition du langage 22
1.2. Contexte théorique 23
1.3. Présentation des chapitres 27
Notes 28

2. CLITIQUES ET ARGUMENTS NULS 29
2.0. Introduction 29
2.1. Arguments nuls 30
    2.1.1. Position vide 32
    2.1.2. Analyses antérieures 34
    2.1.3. Le cas de pro 37
2.2. Clitiques pronominaux 38
    2.2.1. Les dialectes 39
    2.2.1.1. Occitan: Gévaudanais 39
    2.2.1.2. Franco-provençal: Valais central 39
    2.2.1.3. Italie septentrionale 40
    2.2.1.4. Ladin 40
    2.2.1.4.1. Frioulan 40
    2.2.1.4.2. Romanche des Grisons 41
    2.2.1.5. Français 42
    2.2.1.5.1. Pied-noir 42
    2.2.1.5.2. Québécois 42
    2.2.2. Données et analyse 43
    2.2.2.1. La cliticisation 43
    2.2.2.2. Le double sujet 54
    2.2.2.3. Un trou typologique 57
2.3. Analyse unifiée 58
2.4. Notes sur les emprunts 63
    2.4.1. Redoublement du sujet 63
    2.4.2. Redoublement de l'objet 64
    2.4.3. Prépositions orphelines 64
    2.4.4. Conclusion 71
2.5. De l'acquisition des sujets nuls 72
Notes 78

3. PROPRIÉTÉS DE L'ADJONCTION 83
3.0. Introduction 83
3.1. Propriétés et distribution des adjointes hypothétiques infinitives 85
    3.1.1. Une position COMP vide 86
    3.1.2. Structures adjointes introduites par une préposition 86
3.2. Des structures adjointes similaires 87
    3.2.1. Gérondives 87
    3.2.2. Petites propositions adjointes absolues 89
3.3. Propositions adjointes, gouvernement et critère-u 90
    3.3.1. Position des structures adverbiales IP 91
    3.3.2. Adjonction à CP 92

3.3.3. Adjonction et marquage-L 93
3.3.4. Des AP et des PP topicalisés en français pied-noir 94
3.3.5. Gouvernement 95
3.4. Argument externe lexical dans ces adjointes 96
3.4.1. Assignation du Cas 96
3.4.2. Théorie des Cas abstraits 97
3.4.3. Un Cas structural 98
3.4.4. Un Cas inhérent 98
3.5. Relations de contrôle 100
3.5.1. Configuration de ces structures 100
3.5.2. Nature de la catégorie vide 101
3.5.3. Un pro non référentiel 102
3.5.4. Identification d'un pro non référentiel 103
Notes 104

4. SUJETS PLÉONASTIQUES VIDES 109
4.0. Introduction 109
4.1. Effacement phonologique ou syntaxique 109
4.2. Sujets pléonastiques en créole haïtien 112
4.2.1. Les verbes *gen* et *fo* 113
4.2.2. L'élément pléonastique en créole haïtien 113
4.3. Des sujets pléonastiques obligatoires 115
4.3.1. Le crémonais 115
4.3.2. Le florentin 116
4.4. Variétés dialectales de l'anglais 117
4.4.1. L'anglais de Terre-Neuve 117
4.4.2. L'anglais du Nicaragua 118
4.5. Identification des pro_{exp} 118
4.6. Conclusion 119
Notes 120

5. CONCLUSION 123

6. BIBLIOGRAPHIE 127

7. INDEX 135

Tableau des abréviations et symboles

1	première personne	ocl	pronom clitique objet
2	deuxième personne	Op	opérateur
3	troisième personne	p, pl	pluriel
ø	absent	P	préposition
θ	thématique	PAS	passé
A	adjectif	PF	niveau de représentation correspondant à la forme phonologique
ACC	accusatif		
AGR	nœud accord	PP	syntagme prépositionnel
AP	syntagme adjectival	PRES	présent
arb	arbitraire	pro	catégorie vide pronominale
AUX	auxiliaire	PRO	catégorie vide anaphorique et pronominale
C, COMP	complémenteur		
CP	syntagme complémenteur	s	singulier
Det	déterminant	SC	proposition réduite (*small clause*)
e	catégorie vide	scl	pronom clitique sujet
ECP	principe de la catégorie vide (*empty category principle*)	Spec	spécifieur
		structure-*D*	niveau de représentation correspondant à la structure initiale formée à partir du lexique et des règles de la théorie X'
exp	explétif		
f	féminin		
FL	niveau de représentation correspondant à la Forme Logique	structure-*S*	niveau de représentation correspondant à la structure résultant de l'application de transformations à la structure-*D*
FPN	français pied-noir		
FQ	français oral du Québec	SUJ	sujet
GB	théorie du gouvernement et du liage (*government and binding theory*)	t	catégorie vide résultant d'un déplacement
GU	grammaire universelle	TIC	condition sur les îlots topiques (*topic island condition*)
I, INFL	inflexion		
IP	syntagme inflexionnel	TOP	topique
loc	locatif	V	verbe
m	masculin	VP	syntagme verbal
N	nom	WH	mot interrogatif
NP	syntagme nominal	X	variable
OBJ	objet	X'	X-barre

1
Introduction: Langues et grammaires

1.0. Introduction

Suivant la conception de la grammaire générative, l'étude du langage est perçue comme l'étude de l'esprit ou du cerveau (*mind, brain*). Cette association étroite entre langage et cerveau constitue un trait dominant de l'orientation de notre ouvrage, contrairement à d'autres conceptions plus traditionnelles du langage.

Si personne ne peut nier l'influence de l'environnement social sur le développement du langage, on ne peut s'empêcher d'observer, par contre, que les études négligent trop souvent ses propriétés biologiques. Le langage, il ne faut pas l'oublier, est le reflet du cerveau humain et le cerveau est un organe biologique au même titre que le cœur ou le foie. Ainsi, tout être humain normalement constitué est prédisposé à développer une langue naturelle en passant par certains stades successifs dès les premières années de la vie, et cet acquis extrêmement complexe doit être inféré à partir de données limitées, quelquefois incomplètes. La grammaire de la langue que l'enfant développe, c'est-à-dire les règles qu'il intériorise, n'est pas quant à elle complètement préprogrammée. Cette langue particulière que l'enfant « apprend » sans véritable apprentissage spécifique, naît de l'expérience, est tributaire de l'environnement social.

Mais alors, pourquoi une telle variété dans le langage des êtres humains? Si des humains normalement constitués, quelle que soit leur race ou origine, sont préprogrammés pour développer de façon universelle deux bras, deux jambes, un seul nez, etc., d'où vient alors cette diversité dans le développement du langage? Au début du siècle, des linguistes structuralistes de l'école américaine ont avancé que les langues pouvaient varier à l'infini, écartant ainsi toute possibilité d'analyse de traits communs, sous forme de principes biologiquement déterminés ou d'éléments abstraits.

On peut comparer cette variété dans le langage avec celle de l'apparence physique chez les individus. Peut-être pourrait-on même avancer qu'il existe autant de grammaires, c'est-à-dire de façons d'intérioriser le lien entre le son et le sens, qu'il existe d'individus différents quant à la taille, la couleur des yeux, la forme des oreilles ou de la bouche, etc.

L'un de nos buts est d'illustrer comment l'étude de certains traits syntaxiques, dans un système idéalisé qui correspond à une variété dialectale, régionale ou sociale, peut contribuer à l'analyse paramétrique dans une grammaire universelle.

1.1. Langues et dialectes

Il convient d'abord de distinguer ce que nous entendons par langue et dialecte. Dans son acception courante, la langue se présente comme un concept sociopolitique obscur, fréquemment associé à quelque chose comme des frontières officielles sur des cartes géographiques. La réalité est le plus souvent tout autre.

Nous n'établissons pas ici de distinction entre langue et dialecte. Notons que cette particularité n'est pas le propre des générativistes. Selon EDWARD SAPIR (1968:65), linguiste de l'école structuraliste américaine,

> « le linguiste ne fait pas vraiment de différence entre un dialecte et une langue dont la parenté (même fort lointaine) avec une autre langue peut être établie ».

La langue écrite ou langue littéraire peut être considérée comme une variété dialectale au même titre qu'un parler régional. En ce sens, l'étude des écarts entre un dialecte et la forme standard avec laquelle il est habituellement apparenté peut s'inscrire dans le cadre d'une analyse paramétrique entre deux langues ou deux dialectes. Nous verrons plus loin qu'il existe un terme technique neutre, la grammaire, pour faire référence à ce qui est réel dans l'esprit ou le cerveau d'un individu, puisque ces distinctions et cette hiérarchie entre langue et dialecte appartiennent au pouvoir et à l'histoire. D'une façon générale, on peut avancer que les langues standard sont imposées de force pour des motifs économiques et politiques.

À l'origine, la plupart des langues standard sont liées à un parler régional politiquement prédominant. Ainsi, à l'époque où le dialecte de l'Île-de-France, le francien, fut sélectionné pour servir de pilier au développement de la langue française commune, d'autres dialectes avec une littérature plus imposante existaient pourtant sur le territoire, tels le picard, le normand, le champenois, etc. Dès le XIIIᵉ siècle, la montée du pouvoir royal dans la région de l'Île-de-France va engendrer une promotion du francien qui n'est aucunement liée à son usage littéraire. C'est d'ailleurs sous l'influence du pouvoir royal au XIVᵉ siècle que s'amorce un important mouvement de traduction d'ouvrages latins (LUSIGNAN 1986:129). Celui-ci favorise le développement du français (ou du francien) comme langue savante à une époque où le latin constitue la langue du pouvoir.

En Italie, c'est la Toscane, et plus particulièrement Florence, qui a été le berceau du mouvement intellectuel de la Renaissance, avec DANTE, PÉTRARQUE, BOCCACE, etc. C'est également dans cette région qu'à la fin du XVIᵉ siècle naît la célèbre *Academia della Crusca* (cf. DEVOTO 1978). L'unité de la langue italienne viendra cependant beaucoup plus tard que celle du français. Les nombreuses luttes politiques qui agitent l'Italie et l'absence d'un pouvoir politique centralisateur retardent l'unification de la langue et permettent le maintien et la survivance de nombreux dialectes (cf. chapitre 2). Cet extrait d'histoire montre comment la langue dite nationale ou standard est le résultat d'un choix politique.

En Chine, le *putonghua*, communément appelé en Occident le mandarin, est le terme utilisé pour référer au dialecte standard qui sert de langue commune. Pourtant, les différences observées entre les divers dialectes (ou langues), entre autres ceux de Shanghai, de Canton ou le putonghua de Pékin, présenteraient des variations aussi importantes que celles retrouvées entre les langues romanes (italien, français, espagnol, etc.).[1]

La variation dialectale est un phénomène propre aux langues naturelles et elle n'est pas nécessairement liée à l'étendue du territoire analysé. Ainsi le Pays Basque, qui couvre, en comparaison avec la Chine, un petit territoire à cheval sur la France et l'Espagne, a vu se former au moins sept dialectes différents (LAFONT 1982). Par ailleurs, l'absence de notation écrite d'une langue et les phénomènes d'interférence avec d'autres langues parlées contribuent à accentuer les variations dialectales. C'est le cas de plusieurs langues ou dialectes parlés en Afrique, par exemple. D'une certaine façon, un dialecte est la contrepartie d'une langue; suivant ce point de vue, il serait tout simplement « une langue sans drapeau et sans armée », ou encore une langue dominée.

Toutefois, une telle distinction entre langue et dialecte n'est pas très éclairante pour notre propos; ces termes appartiennent à l'usage commun et renvoient tous deux à la *langue-E*, suivant la terminologie de CHOMSKY (1987), où « E » rappelle les notions de « extensionnel », parce que la parole est vue comme un ensemble d'éléments d'un certain type, et « externe », parce qu'elle est extérieure au cerveau. Selon CHOMSKY (1987), une définition typique de la notion de langue-E correspondrait à celle que LÉONARD BLOOMFIELD formule pour le mot « langage », soit « la totalité des phrases qui peuvent être énoncées dans une communauté linguistique ».

La langue-E n'a pas de position scientifique dans une étude linguistique parce qu'un tel ensemble ne possède pas de propriétés formelles. En effet, quelle place attribuer à des phrases dites « semi-agrammaticales » telles que:

(1)(*) L'enfant semble hurlant de peur.[2]

qui ne sont acceptables dans aucune variété connue de français, bien qu'elles puissent recevoir une interprétation de tout locuteur francophone? De même, des « créations » lexicales qui n'existent pas dans les dictionnaires de langue officielle ou même dans les lexiques de variété de français semblent tout à fait admissibles pour les locuteurs natifs. Des mots comme *siruper, *vacarmeux, *hâtivité, *bombardation, *confondation, *injustification, etc. n'appartiennent pas au lexique français, et pourtant ils sont interprétables.

Dans la langue parlée du Québec, on trouve une assez grande production d'adjectifs en -*able* qui n'apparaissent pas dans les dictionnaires officiels, par exemple *disable, parlable, envoyable*, etc. Ceux-ci ont cependant une polarité négative et ils ne sont acceptables qu'à la forme négative ou interrogative:

(2) a. C'est pas disable.
    b. C'est-tu disable ça?
    c. Elle est pas parlable.
    d. Y'est-tu parlable à matin là lui?

Dans la grammaire de la langue populaire québécoise, il existe aussi des mots terminés en -*oune* qui sont le plus souvent polysémiques et qui ne sont pas répertoriés dans les dictionnaires de la langue standard. VÉZINA (1985) en relève environ 140 dans son étude. Ces termes appartiennent à des champs sémantiques variés: caractérisation de la personne, des parties du corps, de la nourriture, etc.

(3) flacatoune: grand garçon
    guidoune: femme courailleuse

snoroune: femme haïssable, hypocrite
poupoune: femme jeune et jolie
foufounes: fesses
bidoune: pénis
baboune: face
bigoune: plat de morue
gougoune: sandale

On y trouve de nombreux phénomènes d'homonymie, et VÉZINA note avec justesse que, si certaines dérivations prennent une forme standard (*miséroune*, *bedoune*), d'autres sont des créations lexicales (*poune*, *sloune* et *doune*) sans lien avec un autre mot du lexique.

De tels phénomènes de langage ne peuvent recevoir d'explications dans le cadre de l'étude d'une langue-E puisqu'il est impossible de savoir si ces termes appartiennent à la langue-E ou s'ils en sont exclus. De plus, les langues-E ne sont pas réelles puisque les individus ne parlent pas uniquement un de ces systèmes linguistiques, mais les entre-mêlent plutôt dans la langue parlée sous forme d'interférences entre des dialectes, des registres de langue, etc. Aussi, une étude scientifique de ces systèmes linguistiques est impossible sans recourir à une idéalisation.

1.1.1. Des grammaires traditionnelles

Avant de passer à l'étude de la grammaire universelle et à celle de la grammaire particulière intériorisée dans l'esprit ou le cerveau d'un individu, nous aimerions situer les études normatives par rapport au champ de recherche de la linguistique cognitive telle que nous la concevons dans cet ouvrage.[3]

Les grammaires scolaires ou traditionnelles ont pour caractéristique de ne jamais présenter de postulats fondamentaux. Elles ont pour but de faire assimiler et de diffuser les normes de la langue dont la connaissance confère indéniablement une situation respectable au sein de notre société et conduit quelquefois aux lieux du pouvoir. Elles n'ont aucune prétention explicative et, par conséquent, elles se limitent à exposer certaines règles très générales suivies d'une liste d'exceptions plus ou moins longue selon qu'il s'agit d'une *bonne* grammaire traditionnelle ou d'une forme abrégée.

CHOMSKY (1986a:15) avance qu'en un certain sens une bonne grammaire tra-ditionnelle et une grammaire générative sont complémentaires. Une grammaire tradi-tionnelle peut être en effet très utile si elle fournit une liste assez complète d'exceptions ainsi que des observations générales et de détail sur la forme et le sens des expressions. C'est le cas en effet de certains précis de syntaxe française tels ceux de K.R. SANDFELD (1965), de G. et R. LE BIDOIS (1971), de W. V. WARTBURG et P. ZUMTHOR (1958), de H. FREI (1929), etc., qui fournissent des exemples non seulement dans la langue standard ou littéraire mais parfois dans d'autres variétés de français. Si la plupart des grammaires ou des dictionnaires prétendent à l'exhaustivité, aucun n'y parvient vraiment cependant. Certains aspects de la langue, liés au composant lexical et à ses particularités (sens précis, préposition ou compléments à lui adjoindre, etc.), échappent quelquefois au locuteur même le plus averti en matière linguistique.

De plus, les règles très générales de ces grammaires sont le plus souvent fausses ou imprécises, par exemple les règles d'accord du participe passé qui sont depuis toujours le cauchemar des écoliers francophones (cf. CHERVEL 1977). Les règles suivantes sont souvent proposées pour l'accord du participe passé (BERTRAND 1978:69):

(4) a. Avec *être*, cherchez le sujet et accordez avec lui;

   b. Avec *avoir*, cherchez le complément d'objet direct et accordez s'il est placé devant le verbe.

En réalité, ces énoncés très familiers induisent en erreur dans les cas suivants:

(5) a. * *Elle* s'est *offerte* un voyage aux Antilles.

   b. * Des *poires*, j'*en* ai déjà *prises*.

   c. * Avec la *tempête* qu'il a *faite*, nous avons dû sortir.

   d. * Les *choses* que j'ai *dites* que j'allais faire.

Les grammaires traditionnelles font alors appel à l'intelligence du locuteur natif pour porter un jugement différentiel sur ces énoncés. En fait, elles ne mentionnent jamais que les intuitions des locuteurs francophones sur l'accord du participe passé vont quelquefois varier par rapport à la grammaire de l'écrit. Ainsi dans la grammaire intériorisée de la langue orale de beaucoup de Québécois, certaines règles d'accord sont neutralisées:

(6) a. Les *filles*, *i*(ls) sont déjà debout.

   b. Cte *robe*-là, je l'ai déjà *mis* pis j'veux pus la voir.

   c. Tout le *monde sont* venus nous saluer.

Par ailleurs, dans une autre variété dialectale, il est possible d'entendre la phrase (7) où le verbe de l'enchâssée s'accorde avec le sujet de la phrase matrice, qui s'assimile ici à la 1re personne du pluriel suivant une interprétation courante (*on = nous*) dans la grammaire de la langue orale:

(7) *On* est des gens qui *sommes* à l'aise (français oral).

Selon VINET (1988b), il ne s'agit que d'un contre-exemple apparent au principe plus général de l'emplacement dans l'accord. En fait, l'accord du verbe de l'enchâssée avec le sujet de la matrice n'est ici possible que parce que les deux NP de la structure sont référentiels. Mais, il n'y a pas toujours accord entre ces deux NP référentiels (cf. RAPOPORT 1987). C'est ce qui explique les résultats obtenus en (7) ci-dessus ou encore dans la phrase suivante:

(8) Cette fille est un garçon manqué qui se trouve excellente.

MÂZUC (1970:216) a mené en 1899 une étude de la grammaire languedocienne et plus particulièrement du dialecte de Pézénas, où les formes morphologiques varient suivant le nombre et le genre. Il note que les phénomènes d'accord se font en général comme en français standard, mais que « le participe passé conjugué avec *abeire* (avoir) est invariable lorsqu'il est précédé de son régime direct »:

(9) a. *Las crancos que m'oou dounÅt.*
   'Les crabes qu'on m'a *donné.*'

   b. *La pioto qu'abès manchÅt.*
   'La dinde que vous avez *mangé.*'

On sait que, de la même façon, beaucoup de locuteurs français ne font pas l'accord dans l'exemple suivant, contrairement à la règle générale avec *avoir* énoncée plus haut:

(10)   La femme que Picasso a *peint* avec un oiseau sur la tête.

À l'intérieur de plusieurs dialectes, l'accord du participe passé ne se fait pas lorsqu'il y a déplacement d'objet-WH, comme en (10), ou d'objet clitique avec l'auxiliaire *avoir* (KAYNE 1987; VINET 1988b). Ce phénomène se retrouve également dans les grammaires de l'espagnol et du portugais. KAYNE (1987) fait remarquer qu'en italien populaire certaines grammaires acceptent l'accord avec les objets clitiques seulement, mais non pas avec les objets-WH.

Par contre, l'accord du participe passé avec *avoir* avec un complément direct post-verbal est possible dans la langue italienne formelle uniquement (KAYNE 1985; BURZIO 1981). L'accord avec *en*, comme en (5) plus haut, est tout à fait régulier en italien (KAYNE 1985:74) et se fait également parfois en ancien français. En ancien français encore, l'accord avec l'objet post-verbal est facultatif dans les exemples du type suivant (DUPUIS et LEMIEUX 1987):

(11) a. *Et quant il ot veÜes les lettres des ymages qui...*

   b. *Et quant il en ot perdue la veÜe, il s'ala couchier...*

Tous ces faits montrent que les règles d'accord sont réelles dans les différentes grammaires et que l'approche de la grammaire traditionnelle est trop inadéquate et inconsistante pour en expliquer l'ensemble. Les études récentes entreprises par plusieurs générativistes pour tenter de dégager certains traits universels reliés aux phénomènes d'accord en général sont au contraire tout à fait pertinentes. La théorie permet de rendre compte des différences observées entre plusieurs états de la langue ou entre différentes langues (ou dialectes) au moyen d'une analyse paramétrique. Les paramètres se présentent alors comme des éléments abstraits et variés, suivant la grammaire proposée, et ils permettent d'éclairer, en quelque sorte, le processus d'acquisition d'une structure grammaticale.

1.1.2. De la créativité linguistique

Les générativistes ont toujours cherché à expliquer la créativité du langage, c'est-à-dire comment des individus peuvent produire et comprendre des phrases qu'ils n'ont jamais vues ou entendues auparavant. Ils veulent également expliquer la compréhension des jeux de mots, comment les mots d'esprit sont interprétables le plus souvent seulement par les gens qui possèdent une connaissance profonde de la langue ou du dialecte. Cette connaissance profonde, du locuteur qui a intériorisé dans son cerveau depuis son tout jeune âge la langue ou le dialecte, c'est ce que la théorie identifie comme la *langue-I*, pour langue « intériorisée ».

Une grammaire universelle devrait rendre compte des propriétés du cerveau humain qui permettent de développer une langue-I. Comme tout savoir biologiquement déterminé, ce système de connaissance doit être très restreint puisqu'il permet « un usage infini à partir de moyens finis » suivant les termes utilisés par WILHELM VON HUMBOLDT, linguiste allemand du XVIIIᵉ siècle, pour parler du langage. La théorie linguistique aura donc pour objet d'étude les principes et les contraintes universels qui sous-tendent le développement des langues-I. La grammaire universelle (désormais GU) peut être considérée comme un éventail d'options et les langues-I comme un ensemble de choix effectués à partir des différents paramètres proposés par la GU.

Le nombre de ces paramètres est limité, et si on admet qu'ils sont en général bivalents (avec une valeur positive ou négative), alors il ne peut exister qu'un nombre fini de langues-I. Cette simple constatation nous amène à poser l'hypothèse qu'il serait impossible de trouver un dialecte ou une langue-I violant les principes de la GU puisque les êtres humains sont incapables, par nature, de développer de telles langues artificielles.[4] Les humains ne peuvent donc pas acquérir le langage des abeilles ou celui des dauphins, de la même façon que les chimpanzés ne peuvent acquérir celui des humains parce qu'ils ne sont pas équipés biologiquement pour développer un tel savoir. Toute tentative de démonstration que de tels phénomènes sont possibles est inacceptable (cf. CHOMSKY 1977:108). CHOMSKY (1979:279) affirme:

> « Un chimpanzé et un aphasique grave peuvent faire des choses merveilleuses, avoir des capacités représentatives, manipuler des chaînes complexes de symboles, porter des jugements de causalité, mais ils ne peuvent tout simplement pas parler. »

Dans le cadre de la théorie du gouvernement et du liage, la syntaxe comparée a évolué à travers l'étude des différents systèmes paramétriques de certaines grammaires particulières qui correspondent à peu près à des langues standard. Il existe plusieurs explications à cet état de fait. Ainsi, comme il est beaucoup plus rare de trouver des formes dialectales à l'écrit, elles sont moins disponibles et moins faciles d'accès que les langues standard mieux connues qui ont été l'objet d'études plus approfondies. Une conséquence malheureuse, et peut-être inévitable, de cette situation est que certaines données provenant de dialectes non standard (i.e. de variétés régionales ou sociales) ont souvent été considérées comme exceptionnelles, marginales par rapport à la théorie, voire gênantes. On les a trop souvent laissées dans l'ombre sans pouvoir offrir d'explications dans un cadre plus général.

Dans cet ouvrage, nous voulons plutôt voir comment les données dialectales peuvent être utilisées pour éclairer et même améliorer la théorie de la GU en fournissant un support empirique pour certaines modifications aux paramètres déjà proposés. Nous croyons donc que l'étude paramétrique de la variation dialectale suit ce même modèle qui a déjà été proposé pour l'étude des langues standard puisque, comme nous l'avons vu ci-dessus, toutes ces grammaires correspondent à des langues-I. Nous en déduisons également que la variation dialectale ne peut s'étendre que dans le cadre de limites étroites, définies par le système paramétrique de la grammaire universelle. En d'autres termes, nous tentons de démontrer que la mise en valeur de données et de faits issus de différentes variétés dialectales, du français et de l'italien plus particulièrement, constitue un apport positif et éclairant pour le développement d'une grammaire universelle abstraite.

Le choix particulier de certains dialectes du français et de l'italien est ici motivé par notre remise en question du paramètre du sujet nul qui permet l'absence d'un sujet lexical dans certaines langues. En effet, les grammaires intermédiaires, où les paradigmes n'apparaissent pas de façon aussi nette que prévue, favorisent quelquefois des développements théoriques intéressants. Cet ouvrage constitue non pas une cassure avec les travaux antérieurs, mais plutôt une remise en cause de ceux-ci.

1.1.3. De l'acquisition du langage

Si un certain degré d'homogénéité à l'intérieur d'une communauté linguistique permet de déterminer qu'un individu lui appartient, il doit aussi être vrai que les propriétés de la langue se développent de façon presque identique chez chacun des membres de cette communauté. Plus généralement, l'acquisition du langage se fait par étapes, et chaque étape est atteinte à peu près au même âge chez tous les humains, quelle que soit la langue apprise. Enfin, le système extrêmement complexe de la grammaire ne se développe que chez les humains. Cela a fait dire à plusieurs que le langage est une des propriétés qui distinguent les humains des autres espèces animales.

Lorsqu'on dit d'une personne qu'elle « connaît » une langue, cela signifie, d'un point de vue linguistique, qu'elle a atteint un état stable de sa grammaire interne qui lui permet de générer et de comprendre un ensemble infini de phrases qu'elle n'a jamais auparavant produites ou entendues. Mais comment cet état stable est-il atteint ? En d'autres termes, comment acquiert-on une langue ? Plusieurs perspectives peuvent être adoptées, mais celle de la grammaire générative est l'approche biologique. Prenons l'exemple extrême d'organes aussi complexes que le foie ou le cerveau pour illustrer cette perspective. Chez tous les individus en bonne santé, ces organes se développent d'une façon si uniforme et les formes et fonctions sont tellement identiques qu'une structure génétique doit en guider et diriger la croissance.

Par analogie, on peut comparer la langue à un organe mental qui croît chez les humains d'une façon uniforme et déterminée, et donc admettre qu'une certaine structure génétique entre aussi en jeu. On appelle généralement « grammaire universelle » ce qui est prédéterminé chez l'humain concernant le langage, c'est-à-dire l'ensemble des principes encodés génétiquement. Ces principes doivent donc être suffisamment abstraits et simples pour pouvoir tenir universellement ; ils ne peuvent être particuliers à une langue donnée.

Pour rendre la démonstration plus complète et motiver complètement l'approche biologique, il faut éliminer un des problèmes apparents posés par l'analogie avec le foie et le cerveau. Évidemment, des facteurs externes interviennent dans l'acquisition du langage puisque c'est la langue de la communauté qui est acquise et pas une autre. Le foie, de son côté, semble se développer indépendamment de l'environnement. Il faut donc démontrer que les stimuli, les apports de l'environnement, ne sont pas suffisamment riches pour déterminer à eux seuls la forme et la fonction de beaucoup de propriétés linguistiques.

Premièrement, le stimulus en question est imparfait en ce sens que la langue à laquelle l'enfant se trouve exposé comporte des phrases incomplètes, des pensées incomplètes et des phrases sur-simplifiées. Il doit donc exister un mécanisme qui filtre ces interférences. Deuxièmement, l'enfant est exposé à un ensemble fini de données langagières alors que la grammaire qu'il internalise a la capacité de traiter un ensemble infini de phrases. Enfin, le plus important c'est que les humains possèdent des connaissances sur la langue pour lesquelles il n'existe pas de preuves dans les stimuli. Voici une liste non exhaustive de propriétés de la langue que nous connaissons implicitement sans que personne ne nous les ait enseignées:

— l'effet indéfini qui rend (12d) agrammaticale alors que les autres phrases sont tout à fait acceptables.

(12) a.   L'homme est dans le jardin.

b.   Un homme est dans le jardin.

c.   Il y a un homme dans le jardin.

d.   * Il y a l'homme dans le jardin.

— l'ambiguïté de la phrase (13a) pour laquelle les deux réponses (b) et (c) sont valides.

(13) a.   Quand est-ce que Marie a dit que Jean a été engagé?

b.   Lundi dernier, Marie a dit que Jean a été engagé.

c.   Marie a dit que Jean a été engagé lundi dernier.

— la sousjacence, qui explique l'agrammaticalité de (14d) et l'acceptabilité des autres.

(14) a.   Jean croit que Marie a vu Paul.

b.   Qui est-ce que Jean croit que Marie a vu?

c.   Jean croit au fait que Marie ait vu Paul.

d.   * Qui est-ce que Jean croit au fait que Marie ait vu?

L'étonnant dans tout cela, c'est que les propriétés illustrées ici à l'aide du français semblent se retrouver dans la plupart des langues (connues) du monde. On n'a donc pas d'autre choix que de supposer qu'elles sont génétiquement déterminées et découlent des principes de la grammaire universelle.

En toute logique, il n'y a pas de différence entre un dialecte et une langue dans cette perspective, puisque le dialecte se développe chez l'individu et que sa grammaire respecte les principes de la grammaire universelle. En vérité, c'est parce que le dialecte se conforme à ces principes qu'il peut être acquis par une personne.

1.2. Contexte théorique

Un examen sommaire des publications en dialectologie permet de constater que la phonologie et le lexique sont les domaines de la grammaire qui reçoivent généralement le plus d'attention de la part des dialectologues. Les quelques études de dialectologie générative effectuées depuis le début des années soixante n'échappent pas à cette règle.

Les années soixante ont représenté pour la grammaire générative une période de rapide croissance. Entre la parution en 1957 de *Syntactic Structures* et, en 1965, d'*Aspects of the Theory of Syntax*, NOAM CHOMSKY, en collaboration avec MORRIS HALLE, travaille à l'établissement d'une théorie générative de la phonologie des langues naturelles. Cette période est marquée par la publication de résultats préliminaires jusqu'à la parution en 1968 de *Sound Pattern of English*, qui a dicté l'orientation des études de phonologie générative pendant de nombreuses années.[5]

Cette période d'intense remaniement des approches à la phonologie et à l'étude des langues naturelles ne pouvait manquer de se refléter dans un des domaines de recherche linguistique les plus actifs de cette période, la dialectologie.

La nature de ce livre ne nous permet pas d'entrer dans les détails de la phonologie générative, mais nous en présenterons les traits saillants. Un autre problème que pose ce genre de résumé de théorie est le fait que celle-ci ne cesse d'évoluer: les hypothèses défendues en 1962 ne correspondent pas nécessairement à celles d'aujourd'hui. Cette activité continuelle reflète d'ailleurs la vitalité de la discipline et le modèle a évolué dans une direction similaire à celle de la syntaxe générative. Les chercheurs ont délaissé le plus possible les règles hautement particulières pour tenter de découvrir des principes plus généraux appropriés à un programme de recherche qui, comme celui de la grammaire générative, accorde une importance primordiale à la grammaire universelle. Néanmoins, le modèle a toujours eu la même forme, soit l'application de règles phonologiques à une représentation sousjacente qui se trouve ainsi transformée en une représentation de surface.

Dans certains dialectes du français, il est possible d'observer l'alternance suivante:

(15) a. tire: [tsIr] / *[tIr]

b. tour: *[tsur] / [tur]

La façon de rendre compte de ce phénomène en phonologie générative est de postuler l'existence d'une règle d'affrication qui transforme la consonne en question en une consonne double: occlusive + constrictive. La règle sera, en gros, la suivante:

$$(16) \quad /t/ \rightarrow [ts] / - \left\{ \begin{matrix} i \\ y \end{matrix} \right\}$$

Il y a plusieurs façons différentes d'écrire ces règles. La plupart du temps, au lieu de référer à la consonne en tant que telle, on préfère la représenter par les traits distinctifs qui la composent. Cette façon de procéder a l'avantage de permettre des généralisations qui simplifient la grammaire de la langue à l'étude. Dans le cas qui nous intéresse ici, il sera possible de changer la référence à /i/ et /y/ pour « voyelle haute antérieure » et de généraliser la règle à /d/ aussi bien qu'à /t/.

Une grammaire particulière comprendra donc un certain nombre de règles phonologiques qui s'appliquent, souvent dans un ordre donné, à une représentation sousjacente. Prenons un exemple tiré de SAPORTA (1965) pour illustrer une dérivation dans le dialecte castillan de l'espagnol.

Dans ce dialecte, le pluriel est formé par l'ajout d'un -*s* après une voyelle non accentuée et après *é*, -*ø* après une voyelle non accentuée suivie d'un -*s*, et -*es* partout ailleurs. La règle en (17) exprime ces faits et des exemples sont donnés en (18).

$$(17) \quad \text{pl} \rightarrow \left\{ \begin{array}{l} \text{s} / \left\{ \begin{array}{l} \text{V} \\ \text{é} \end{array} \right\} \underline{\quad} \\ \text{ø} / \ \text{Vs} \ \underline{\quad} \\ \text{es} \end{array} \right\}$$

où V = voyelle non accentuée.

(18) a. *lúnes*   'lundi'
     lúnes   'lundi (pl)'

   b. *lápiθ*   'crayon'
     lápiθes 'crayon (pl)'

Les règles s'appliquent de la façon suivante:

(19) Sousjacent	/*lúnes*+pl/	/*lápiθ*+pl/
Pluriel	*lúnes*+*ø*	*lápiθ*+*es*
Surface	[*lúnes*]	[*lápiθes*]

En espagnol d'Amérique latine, un changement s'est produit qui a transformé tous les θ en *s*. Ceci fait que *lápiθ* se dit [*lápis*]. On s'attend donc à ce que le pluriel soit *lápis*, étant donné la règle en (17), mais ce n'est pas le cas: le pluriel de *lápis* en espagnol d'Amérique latine se dit *lápises*.

SAPORTA propose de rendre compte de ce phénomène par la postulation d'une règle de neutralisation de la forme donnée en (20).

$$(20) \quad θ \rightarrow \text{s}$$

On obtient les dérivations suivantes pour ce dialecte:

(21) Sousjacent	/*lúnes*+pl/	/*lápiθ*+pl/
Pluriel	*lúnes*+*ø*	*lápiθ*+*es*
Neutralisation	——	*lápis*+*es*
Surface	[*lúnes*]	[*lápises*]

Dans le dialecte du Chili du Sud par contre, le pluriel de *lápis* est *lápis*, qui se comporte en ce sens comme *lúnes*. L'hypothèse de SAPORTA est que la règle de neutralisation dans ce dialecte s'applique avant celle de formation du pluriel. La dérivation se produit de la façon suivante:

(22) Sousjacent	/*lúnes*+pl/	/*lápiθ*+pl/
Neutralisation	——	*lápis*+pl
Pluriel	*lúnes*+*ø*	*lápis*+*ø*
Surface	[*lúnes*]	[*lápis*]

On constate, par cet exemple simple, la façon dont la phonologie générative rend compte de la variation dialectale.[6] Pour les dialectes d'une même langue, les formes sousjacentes sont identiques et ce sont les règles phonologiques et leur ordre d'application qui produisent la variation dialectale observée. Ce type d'approche a l'avantage marqué d'offrir une définition claire d'un dialecte et, par conséquent, de la variation qui existe entre les dialectes par opposition à la variation entre les langues. Même si un certain coût est associé à cette approche (cf. CHAMBERS et TRUDGILL 1980:47-50, et PETYT 1980:182-185), on voit comment elle peut s'étendre aux recherches en syntaxe telles qu'on les conçoit maintenant en grammaire générative.

Il n'en demeure pas moins que la notion de dialecte en grammaire générative n'est pas très développée et ce n'est que très récemment que les générativistes ont commencé à tenir compte de données provenant de dialectes autres que du dialecte dit standard d'une langue donnée. Pourtant, la variation dialectale peut s'avérer un terrain d'investigation idéal pour un cadre théorique comme celui de la grammaire générative, à tout le moins pour deux raisons.

En premier lieu, les chercheurs en grammaire générative s'intéressent à la façon dont un enfant peut acquérir sa langue. Comme nous l'avons vu dans la section précédente, le résultat de l'interaction entre la grammaire universelle et les stimuli linguistiques est la grammaire adulte, le système composé de règles et de principes qui permettent à l'adulte de comprendre et de se faire comprendre à l'intérieur de sa communauté linguistique. Un dialecte, quel qu'il soit, peut donc se définir comme une grammaire adulte.

La deuxième raison pour laquelle la variation dialectale est un sujet de recherche idéal en grammaire générative découle de la première. Si on suppose qu'un dialecte est sur le même pied qu'une langue standard du fait qu'il croît chez l'enfant et qu'il est donc une grammaire, on doit supposer de plus que les dialectes varient de façon similaire aux langues standard.

Selon la grammaire générative, la variation s'explique par une approche paramétrique des divers principes de la grammaire universelle. Ainsi, un ou plusieurs paramètres fixés de façon différente dans les grammaires, disons du français et de l'italien, entraîneraient certaines différences entre ces deux langues. On s'attend donc à pouvoir démontrer empiriquement que les mêmes paramètres entrent en jeu dans la variation qui peut exister d'un dialecte à un autre. En poussant ce genre d'argument un peu plus loin, on prédit qu'il peut exister des dialectes, disons du français, qui se comportent comme, disons l'italien standard. Ce type de prédiction ne demande qu'à être vérifié empiriquement.

L'étude des paramètres et principes de la grammaire universelle offre donc des outils pour une meilleure compréhension des grammaires particulières que constituent les dialectes. De la même façon, ce point de vue, en supposant qu'il est valide, offre une source inestimable de vérification pour les paramètres proposés par les chercheurs. Un des buts de cet ouvrage est d'appuyer ces affirmations par des faits empiriques.

Mais du même coup, si les langues et les dialectes varient de la même façon, on perd la possibilité de fournir une définition formelle de la différence qui existe entre ces deux concepts. Nous ne croyons pas que cette perte soit un désavantage associé à cette conception puisque l'objet d'étude de la grammaire générative est la faculté du langage et sa croissance chez l'humain. À ce niveau, il ne peut pas exister de différence entre langue et dialecte. Cette hypothèse sera appliquée à des études de cas dans les prochains chapitres.

1.3. Présentation des chapitres

Le deuxième chapitre expose directement une étude de cas approfondie s'appuyant sur les lignes directrices établies dans ce premier chapitre. Cette recherche concerne les pronoms atones et leur importance pour l'étude des arguments nuls. Il est démontré que des données dialectales provenant de l'aire romane peuvent fournir des faits essentiels à l'analyse des sujets nuls et des objets nuls en grammaire universelle. Le résultat principal de ce chapitre est une analyse unifiée de phénomènes apparemment distincts. Suivant notre approche, les langues et dialectes ayant des clitiques sujets ou des clitiques objets se comportent de façon similaire aux langues et dialectes qui possèdent des marques morphologiques dont la richesse permet aux sujets ou objets d'être implicitement représentés dans la phrase. Enfin, nous examinons une des conséquences de notre analyse ayant trait à l'acquisition des sujets nuls.

Le troisième chapitre présente une étude approfondie d'une structure dialectale observée dans la langue orale du Québec. Il s'agit d'une proposition infinitive hypothétique adjointe à une forme de proposition consécutive présentant un verbe au conditionnel, par exemple:

(23)   Savoir qu'il me tromperait, je le quitterais.

Nous montrons comment ces structures adjointes qui semblent, à première vue, très marginales dans la grammaire rejoignent en fait les caractéristiques générales des structures adjointes dans une grammaire universelle. Nous observons que l'interprétation du sujet de l'infinitif dans cette construction peut non seulement prendre des valeurs référentielles, mais aussi admettre la valeur d'une catégorie vide non argumentale. RIZZI (1982) avait déjà noté un phénomène semblable dans des constructions gérondives adjointes en italien. Rappelons brièvement qu'une catégorie vide non argumentale est un élément explétif dont la caractéristique est de ne jamais fonctionner comme un antécédent dans une construction à contrôle, telle que:

(24)   *e* Y avoir de l'argent dans le coffre, je le prendrais (FQ).

Ces faits permettent de remettre en question la typologie des langues proposée par RIZZI (1982), fondée sur la distinction entre les langues à sujet nul (italien) et les langues à sujet non nul (français). Nous voyons également comment l'étude de cette construction soulève différents problèmes théoriques liés aux propriétés de l'adjonction dans la grammaire.

Le quatrième chapitre porte sur la grammaire des sujets pléonastiques vides ou lexicaux. Il montre que, lorsque confrontées à la théorie, les données de certaines variations dialectales conduisent non seulement à une remise en cause du paramètre du sujet vide comme modèle d'explication, mais aussi à un réexamen de certains principes fondamentaux de la théorie du gouvernement et du liage. Suivant le principe de récupérabilité, il est proposé que les catégories vides non référentielles soient également identifiées par un sous-ensemble de traits grammaticaux du nœud inflexion (INFL) tels le Cas, le Temps, etc.

L'ouvrage se termine par un bref chapitre de conclusion.

NOTES

[1] Dans certaines circonstances, on peut refuser à une langue son autonomie et tenter d'en faire une variété populaire d'une langue plus « prestigieuse ». Les langues créoles, notamment, font l'objet de nombreuses controverses dans le cadre d'études qui cherchent avant tout à les classifier et à les identifier. L'état actuel des connaissances sur la grammaire des langues créoles ne permet pas de telles extrapolations et confère à ce type de discussions un aspect très incertain et quelquefois très douteux. De plus, il est très difficile d'établir des relations historiques entre les grammaires puisque celles-ci s'appuient toutes sur les mêmes principes universaux.

[2] Dans toute variété de français, le verbe *sembler* sélectionne un complément qui peut être soit un prédicat comme en (i), soit un complément phrastique de type infinitif comme en (ii).

(i) Jean semble $\left\{ \begin{array}{l} \text{malade} \\ \text{un bon professeur} \end{array} \right\}$.

(ii) Jean semble hurler de peur.

Les structures phrastiques avec participe présent ne peuvent apparaître dans une telle position enchâssée; on les retrouve toujours dans une position externe à la phrase, c'est-à-dire en position adjointe comme en (iii).

(iii) Hurlant de peur, l'enfant semblait malheureux.

[3] Voir COUQUAUX (1986) où il est démontré que le rôle de « l'idéologie (linguistique) dominante [est de] *faire passer* un ensemble de pratiques politico-linguistiques d'État, qui globalement constituent ce qu'on a appelé une politique de la langue »(cf. DE CERTEAU *et al.* 1977).

[4] Il convient de distinguer ici le cas de l'espéranto qui, bien qu'on le désigne le plus souvent comme une langue « artificielle », n'appartient pas à cette catégorie. Il s'agit en fait d'une langue reconstruite à partir de structures et de règles de différentes langues indo-européennes, plus particulièrement le latin. Puisqu'il est possible d'apprendre cette langue, on ne peut que supposer qu'elle appartient au groupe des langues naturelles et qu'elle est restreinte par les principes de GU.

[5] Voir en particulier HALLE (1962) et CHOMSKY et HALLE (1965).

[6] Voir DRESHER (1981) pour une critique de cette analyse.

2
Clitiques et arguments nuls

2.0. Introduction

Dans la plupart des langues naturelles, une phrase peut comprendre toute une panoplie d'éléments manquants, implicites ou non, et dont la « récupérabilité » est garantie par divers procédés. C'est dire que la référence de ces éléments peut être déduite du contexte. Dans ce chapitre, nous étudions plus à fond le type de récupérabilité qu'on retrouve dans les langues dites à arguments nuls.[1] Nous partons du principe de base que les mécanismes responsables de la récupération sont enchâssés dans la grammaire universelle et que, par conséquent, aucun paramètre ne devrait être seul responsable du phénomène des arguments nuls en général et des sujets nuls en particulier. Les ressemblances entre la récupérabilité par le biais des marques d'accord morphologiques et la récupérabilité par le biais des pronoms clitiques peuvent nous amener à conclure que les deux éléments — clitiques et marques d'accord — ont la même fonction dans les grammaires, soit identifier le contenu de la catégorie vide pro.

Les données dialectales sont primordiales dans cette entreprise. Il sera démontré que, sans les données du français québécois, du français pied-noir, du frioulan, du romanche, de dialectes de l'Italie septentrionale et de certains dialectes de l'espagnol, une analyse unifiée des clitiques et des marques d'accord ne serait pas à la portée des chercheurs.

Le chapitre contient cinq sections. La première présente les analyses antérieures qui ont été proposées pour rendre compte des sujets nuls; nous adoptons, dans ses grandes lignes, l'analyse de CHOMSKY (1982). Dans la deuxième section, nous ferons de même pour les pronoms clitiques en nous attachant surtout à décrire les données dialectales. La troisième section est consacrée à l'exploration d'une unification potentielle des procédés discutés dans les deux premières sections. Dans la quatrième section, l'hypothèse que certaines constructions syntaxiques, attestées dans divers dialectes, sont le résultat de l'influence de langues étrangères est réfutée en fonction de données empiriques et de problèmes conceptuels.

Dans la dernière partie de ce chapitre, nous étudions une des conséquences de l'abandon du paramètre du sujet nul ayant trait au développement de la grammaire chez l'enfant. Les données de l'acquisition révèlent un phénomène intrigant: les très jeunes anglophones semblent passer par un stade de développement caractérisé par l'absence fréquente de sujets. Certaines analyses ont établi une équation entre cet état de fait et le paramètre du sujet nul. Nous réanalysons ces données à la lumière de celles présentées pour le français dans HULK (1986a; 1986b) et des analyses proposées dans les sections 2.2.2. et 2.3.

2.1. Arguments nuls

La première question à se poser a trait à la position que doit prendre le syntacticien face à des phrases comme les suivantes:

(1) a. Italien
    Ho trovato il libro.
    ai trouvé le livre
    'J'ai trouvé le livre.'

  b. Swahili
    a -li -mi -ona.
    SUJ(3s) PAS OBJ(1s) voir
    'Il m'a vu.'

Une comparaison de ces phrases avec leur traduction française indique que le sujet dans le cas de l'italien et le sujet et l'objet dans le cas du swahili peuvent être exprimés d'une façon différente de celle observée en français. Il ne semble pas nécessaire dans ces langues d'utiliser un pronom comme expression du sujet ou de l'objet. C'est ce que nous appelons la propriété de l'argument nul.

Une observation importante concernant ces phrases est le fait que la référence du sujet et de l'objet n'est pas ambiguë. Les phrases de (1) ne peuvent que signifier ce qui est exprimé par les traductions et non pas, par exemple, ceci:

(2) a. Il a trouvé le livre.

  b. Ils vous ont vu.

On peut donc à tout le moins conclure que quelque chose dans la grammaire de ces langues permet, d'une part, l'absence d'arguments et, d'autre part, leur récupérabilité (leur référence). En allant un peu plus loin, on peut considérer que ce qui « permet » la présence des arguments nuls et ce qui leur donne leur référence ou les « récupère » constituent une seule et même propriété. Comment, en effet, imaginer une grammaire qui permette des arguments nuls sans automatiquement en réaliser la récupérabilité? On serait en présence d'une langue rendant toute communication quasi impossible.

La position que nous adoptons par rapport à la propriété de l'argument nul est la suivante. Nous croyons qu'il est possible d'établir un certain parallèle entre ce qui se passe en (1) et une phrase du type suivant:

(3) Marie veut partir sans que Jean ne le sache.

En (3), le complément de *savoir*, verbe de la phrase enchâssée, est compris comme équivalent à la phrase matrice *Marie veut partir*. Cette référence vient du pronom personnel clitique *le* qui réfère à quelque chose d'autre se trouvant ailleurs dans la phrase. Le complément de *savoir*, tout en étant absent, est quand même présent dans la phrase. Il en va de même, croyons-nous, de (1a): le sujet (tel qu'on l'exprime en français) est absent mais il est exprimé ailleurs dans la phrase, en l'occurrence dans la morphologie verbale. Celle-ci indique, par le biais de la désinence verbale, que le sujet est de la première personne du singulier.

En résumé, nous considérons que la possibilité de présenter des positions syntaxiques vides dont le contenu est récupéré localement est une des propriétés des langues naturelles. Il s'agit maintenant de rendre compte de cette propriété.

CHOMSKY et LASNIK (1977) proposent une analyse dans un modèle théorique qui ne rejette pas en principe les effacements de constituants syntaxiques. Ils postulent l'existence d'une règle d'effacement du sujet pronominal; c'est la forme de cette règle qui rend le sujet récupérable. Le raisonnement est le suivant: à partir du moment où une règle d'effacement existe, il est possible de retracer son application à une suite d'éléments et ainsi de récupérer l'élément qui manque.

À travers le modèle utilisé maintenant, on cherche, dans la mesure du possible, à éliminer les règles particulières à une langue donnée. On voudra donc plus qu'une simple règle ad hoc s'appliquant à une position syntaxique particulière (ici, le sujet) dans une langue donnée.

De plus, la condition de la récupérabilité des effacements est une condition s'appliquant aux transformations puisque les effacements sont le résultat de transformations (CHOMSKY 1964; 1965). Par contre, dans la théorie du gouvernement et du liage, la composante transformationnelle est réduite à une seule règle générale: déplacer α. Il semble donc évident que la condition de la récupérabilité des effacements en tant que condition s'appliquant aux transformations n'ait plus sa place dans la théorie et qu'elle doive être remplacée par un mécanisme plus fondamental et général, applicable dans une multitude de grammaires particulières.

Il est maintenant généralement accepté que la propriété de l'argument nul doit être attribuée à la disponibilité dans les langues comme l'italien et le swahili de la catégorie vide pronominale (pro). Cette catégorie est la contrepartie vide d'un pronom réalisé phonétiquement. On suppose de plus que les marques d'accord morphologiques rendent possible, d'une façon dont nous discuterons plus bas, l'utilisation de pro en en récupérant le contenu. Cette analyse a l'avantage, selon nous, de concrétiser formellement l'intuition qui a toujours existé relativement à cette propriété et selon laquelle, en quelque sorte, le sujet est exprimé par les désinences verbales d'accord personnel. Ainsi, les auteurs de la grammaire de Port-Royal, dans leur discussion de la diversité des personnes et des nombres dans les verbes, notent:

> « [La] diversité de terminaisons pour les deux premieres personnes, fait voir que les langues anciennes [le latin en particulier] ont grande raison de ne joindre aux verbes que rarement, et pour des considérations particulieres, les pronoms de la première et de la seconde personne, se contentant de dire, *video*, *vides*, *videmus*, *videtis*. Car c'est pour cela même que ces terminaisons ont été originairement inventées, pour se dispenser de joindre ces pronoms aux verbes. » (ARNAULD et LANCELOT 1780:169.)

De son côté, NYROP (1925) décrit cette situation plus simplement:

> « La désinence du verbe suffisait en latin à marquer la personne: *canto*, *cantas*, *cantat*, *cantamus*, *cantatis*, *cantant*. Il en est de même encore en espagnol, en italien et en roumain, à cause de la conservation relativement intacte des terminaisons verbales dans ces langues. » (NYROP 1925:206.)

Il n'en demeure pas moins que cette intuition, toute correcte soit-elle, doit selon nous être formalisée dans une théorie grammaticale. Plusieurs tentatives à cet effet ont été faites depuis la fin des années soixante-dix. Avant d'étudier les principales, nous présentons quelques éléments en faveur de l'existence d'une catégorie vide dans les positions d'arguments à l'intérieur de phrases comme celles de (1).

2.1.1. Position vide

JELINEK (1984) présente une hypothèse d'analyse pour le walpiri qui rend inutile la postulation de catégories vides argumentales. L'idée de base de cette analyse consiste à pousser à la limite l'intuition discutée ci-dessus concernant les désinences verbales. Selon JELINEK, dans une langue non *configurationnelle* (i.e. sans relation de dominance réelle) et dont la morphologie est très développée, les marques morphologiques d'accord sont les éléments de la phrase qui satisfont le critère-θ et, par le fait même, le principe de projection (i.e. la structure argumentale du verbe). Lorsque des arguments lexicaux (NP) sont présents dans la phrase, ils se trouvent dans des positions adjointes distinctes de celles qu'occupent les sujets et les objets, en français par exemple.

Nous ne poursuivrons pas sur cette possibilité ici à cause de l'existence de données provenant d'un certain groupe de langues, dont le chinois, le japonais, le coréen, etc., qui présentent des arguments nuls mais qui sont, par ailleurs, caractérisées par une absence totale de marques morphologiques d'accord.[2] Pour rendre compte d'une façon unifiée de ces phénomènes, il serait nécessaire de postuler que le chinois, par exemple, possède des désinences verbales vides. Étant donné qu'une hypothèse comme celle de JELINEK est fondée sur la conviction qu'il faut se débarrasser le plus possible des catégories vides, cette modification s'en trouverait d'autant plus indésirable.

On pourrait supposer qu'il n'y a tout simplement pas de position sujet, disons en italien, et que les règles de formation de structure données par le système X' peuvent générer une position SpecIP facultativement. Cela ne serait nécessaire que lorsqu'un NP lexical sujet doit être exprimé. Les règles suivantes illustrent cette hypothèse.

(4) CP → SpecCP C'

C' → COMP IP

IP → (NP) INFL'

INFL' → INFL VP

Elles pourraient générer la structure (5), décrivant la phrase (1a).

(5) IP

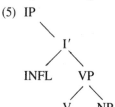

INFL   VP

V   NP

Le premier problème soulevé par cette hypothèse est théorique; il concerne la partie « étendue » du principe de projection qui stipule que toute proposition doit comporter un sujet structural. Par conséquent, une théorie qui inclut le principe de projection étendu devra rejeter cette hypothèse. Le deuxième problème est empirique. Toute théorie syntaxique-sémantique doit incorporer un ou des principes ou règles qui expliquent l'agrammaticalité des phrases suivantes.

(6) a. * Il_i parle à lui-même$_j$.

  b. * $Jean_i$ lui_i parle.

  c. * Il_i parle à $Jean_i$.

La théorie du liage, dont les conditions sont données en (7), rend compte de l'agrammaticalité de ces phrases, où la catégorie gouvernante est le IP ou le NP qui contient le gouverneur et l'élément gouverné dont il est question.

(7) Conditions du liage

  A. Une anaphore doit être liée dans sa catégorie gouvernante;

  B. Un pronom doit être libre dans sa catégorie gouvernante;

  C. Une expression référentielle doit être libre.

En (6a), l'anaphore *lui-même* se trouve libre dans sa catégorie gouvernante; il en résulte une violation de la condition A. En (6b), le pronom *lui* est lié dans sa catégorie gouvernante, ce qui constitue une violation de la condition B. En (6c) enfin, l'expression référentielle *Jean* est liée, ce qui va à l'encontre de la condition C. Dans tous ces cas, la position d'argument externe (du sujet) est en jeu soit parce qu'elle devrait lier l'objet, comme en (6a), soit parce qu'elle ne le devrait pas, comme c'est le cas en (6b et c).

Considérons maintenant le cas de l'italien. Un NP lexical en position d'objet comme en (8), en tant qu'expression référentielle, doit se comporter comme *Jean* en (6c); il doit être libre suivant la condition C.

(8) a. *Vedrà Giovanni.*
    voir-3s

  b. $[_{IP} [_{I'}$ INFL $[_{VP}$ *vedrà* $[_{NP}$ *Giovanni* $]]]]$

Si on accepte la structure (5) pour (8), alors l'objet NP y est libre et une des interprétations possibles de la phrase serait une lecture réfléchie où la personne qui se voit est *Giovanni*. On aurait donc l'interprétation (9a) mais avec la forme (9b).

(9) a. $Jean_i$ se_i verra.

  b. Il_i verra $Jean_i$.

C'est la prédiction qu'amène la théorie du liage en conjonction avec l'analyse structurale de (8) donnée en (5). Cette interprétation, par contre, n'est pas valable. Seules deux interprétations sont disponibles. Dans la première, *Giovanni* est le sujet de *vedere* ('voir') intransitif et il s'est produit une inversion libre du sujet, très courante en italien (cf. RIZZI 1982). Conformément à cette interprétation, (8) signifie:

(10) Giovanni verra.

La seconde interprétation assigne à *Giovanni* le rôle d'objet de *vedere* et se trouve en référence disjointe avec le sujet. Dans ce cas, la phrase veut dire:

(11) Il$_i$ verra Giovanni$_j$.

Seule une structure comme celle de (12) permet d'éliminer l'interprétation réfléchie donnée en (9a) puisque celle-ci aura la structure particulière (13).

(12)

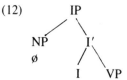

(13) * [$_{IP}$ [$_{NP}$ Ø$_i$] [$_{I'}$ INFL [$_{VP}$ *vedrà* [$_{NP}$ *Giovanni*$_i$]]]]

En (13), *Giovanni* est lié à la position sujet vide et, donc, viole la condition C de la théorie du liage. D'un autre côté, l'interprétation naturelle (11) en découle automatiquement puisque, d'après cette lecture, (8a) a la structure suivante.

(14) [$_{IP}$ [$_{NP}$ Ø$_i$] [$_{I'}$ INFL [$_{VP}$ *vedrà* [$_{NP}$ *Giovanni*$_j$]]]]

La même démonstration pourrait être répétée dans le cas des conditions A et B de la théorie du liage et les résultats appuieraient nos conclusions selon lesquelles la position d'argument externe est nécessaire même lorsque la phrase ne contient pas de sujet lexical.

Notons que suivant l'approche présentée auparavant et où les désinences verbales sont traitées comme les vrais arguments du verbe, celles-ci pourraient servir comme éléments liants pour la théorie du liage. Néanmoins, l'objection que nous avons soulevée à propos du chinois peut être réitérée. Dans cette langue qui ne présente pas de désinences verbales, le problème demeure entier puisque la seule manœuvre disponible consiste à assumer l'existence de désinences vides qui, elles, joueraient le rôle de lieurs. Mais alors, pourquoi une théorie accepterait-elle les désinences vides tout en rejetant les NP vides?

Nous continuons donc de supposer que la théorie fournit la représentation (12) pour les phrases tensées (i.e. qui comprennent un verbe conjugué) dans les langues à sujet nul comme l'italien.

2.1.2. Analyses antérieures

Il s'agit maintenant de formaliser les intuitions présentées dans la sous-section précédente. Autrement dit, maintenant que nous avons une formulation neutre du problème, nous devons nous demander ce qui fait que certaines langues acceptent les arguments nuls alors que d'autres les rejettent.

PERLMUTTER (1971) fut le premier à émettre certaines observations concernant les langues à sujet nul. Il formula une généralisation selon laquelle les effets « *que-trace* », résultant de l'extraction du sujet d'une phrase enchâssée, ne se produisent pas dans les langues à sujet nul. Il suffit de comparer la phrase (15b) en italien à la phrase anglaise équivalente (15a) pour s'en convaincre.

(15) a. * *Who did you say that* t *came?*
qui as tu dit que est venu

   b. *Chi credi che* t *partirà?*
qui crois-tu que partira

L'analyse de CHOMSKY et LASNIK (1977) dont nous avons discuté dans la section précédente était conçue de façon à rendre compte de ce phénomène. Leur règle d'effacement du sujet s'applique en (15b) et élimine la trace se trouvant à la suite de *che*. Les langues à sujet nul contournent donc l'effet *que*-trace tout simplement parce que la trace est effacée dans ce contexte tout comme un sujet lexical l'est. En anglais, par contre, la trace n'est jamais effacée puisqu'un sujet lexical ne l'est pas; une phrase du type de (15a) est donc agrammaticale.[3]

Par la suite on tenta d'établir un lien entre la propriété du sujet nul et la richesse morphologique des terminaisons verbales. C'est TARALDSEN (1978) qui fit revivre cette idée dans le programme de recherche de la grammaire générative.

Puis, en se basant sur cette idée, CHOMSKY (1981) propose de concentrer les efforts de recherche sur l'élément INFL qui renferme le constituant AGR, responsable de l'accord sujet–verbe. AGR aurait une propriété abstraite reliée, mais pas nécessairement identifiée à sa richesse morphologique, qui permettrait la récupération de l'information qui se trouve absente de la phrase lorsque le sujet n'est pas exprimé. AGR dans la grammaire de l'anglais n'aurait pas cette propriété; c'est ce qui rendrait compte de sa différence avec l'italien à cet égard.

CHOMSKY discute à la même occasion d'un ensemble de propriétés syntaxiques qui semblent devoir être associées à la propriété du sujet nul. Nous les reproduisons ici (1981:240).

(16) a. Sujet vide:
Ho trovato il libro.
'(J')ai trouvé le livre.'

   b. Inversion libre dans les phrases simples:
Ha mangiato Giovanni.
'Giovanni a mangé.'

   c. Extraction WH du sujet à longue distance:
L'uomo [che mi domando [chi abbia visto]].
'L'homme x dont je me demande qui x a vu.'

   d. Pronom de rappel vide dans les phrases enchâssées:
Ecco la ragazza che mi domando chi credi che possa VP.
'C'est la fille dont je me demande qui croit qu'(elle) peut...'

   e. Violations du filtre *que*-trace:
Chi credi che partirà?
'Qui penses-tu qui partira?'

La solution que CHOMSKY propose à ce problème du sujet nul s'appuie sur les travaux de RIZZI (1982). RIZZI prétend qu'il existe des preuves que l'extraction du sujet en italien s'effectue à partir de sa position post-verbale dans les constructions à inversion libre plutôt que la position pré-verbale d'argument externe (SpecIP). Il ne saurait donc être question de dire qu'il n'y a pas d'effet *que*-trace puisqu'en réalité (16e) n'implique pas de trace à la suite de *che*. Celle-ci se trouve plutôt à la droite du verbe *partirà*.

On conçoit donc bien que la propriété illustrée en (16e) n'est en fait qu'une conséquence de cette particularité de l'italien de pouvoir inverser assez librement le sujet. Sans entrer dans les détails des arguments de RIZZI et CHOMSKY, il est aussi démontré que les propriétés (16c) et (16d) découlent en fait elles aussi de la possibilité, d'une part, d'avoir des sujets nuls (16a) et, d'autre part, d'inverser librement le sujet (16b).

CHOMSKY (1981) s'attache principalement à essayer de déterminer la nature de la catégorie vide occupant la position sujet en (16a) et (16b). Des trois catégories vides dont on connaissait l'existence à ce moment-là, seul PRO pouvait se révéler un candidat plausible. Évidemment, le problème posé par cette hypothèse, c'est que PRO ne peut apparaître dans une position gouvernée. Mais, comme nous l'avons vu, la position sujet d'une phrase tensée doit être gouvernée par INFL qui lui assigne de cette façon le Cas nominatif. CHOMSKY propose que INFL se déplace à l'intérieur du VP où il s'affixe à V de façon à lui donner la morphologie nécessaire. Ceci doit se produire dans toute langue qui possède une structure syntaxique de base similaire à celle du français et un certain accord sujet–verbe. La solution se trouvera donc, selon CHOMSKY, dans le niveau de représentation où ce déplacement de INFL dans VP se produit. Si les conditions du liage s'appliquent en structure-S et que INFL se déplace en syntaxe (i.e. avant la structure-S), alors PRO, dans la position sujet, n'est pas gouverné par INFL (puisque INFL est dans VP). Cette propriété serait donc celle qui permet l'apparition de sujets nuls, c'est-à-dire une position sujet non gouvernée en structure-S dans une phrase tensée qui permet l'utilisation de PRO.

Dans les langues sans sujets nuls, INFL ne se déplace qu'après la structure-S, probablement en PF, et donc l'utilisation de PRO comme sujet d'une phrase tensée est exclue. Notons que cette approche rend les phrases tensées dans les langues à sujet nul similaires aux phrases infinitives, en anglais par exemple, qui, elles, permettent les sujets nuls (PRO).

Les deux options disponibles peuvent être paramétrisées de la façon que CHOMSKY (1981) propose en (17) où R est la règle de déplacement de INFL.

(17) R peut s'appliquer en syntaxe.

Cette analyse présente l'avantage d'unifier le phénomène du sujet nul et celui de l'inversion libre. En effet, INFL se trouvant dans VP dans une langue à sujet nul, il occupe une position qui lui permet d'assigner le Cas nominatif à un NP qui, lui aussi, se trouve dans le VP, et ce, parce que les Cas sont assignés sous gouvernement.[4]

En résumé, dans l'analyse de CHOMSKY (1981), ce qui permet à l'italien, par exemple, d'avoir des sujets nuls (INFL dans VP) est aussi ce qui autorise l'inversion libre. Les propriétés illustrées en (16) découlent donc toutes d'un seul paramètre, celui en (17).

Dans sa typologie des catégories vides, CHOMSKY (1982) présente la quatrième catégorie vide, appelée pro, dont nous avons parlé brièvement dans la section précédente. Il donne deux arguments contre l'utilisation de PRO comme sujet nul dans les langues qui le permettent.

Le premier argument est que PRO en français, en anglais et même en italien peut recevoir une interprétation arbitraire. Ceci est illustré en (18), où le sujet de *partir* n'est déterminé que par le contexte extra-linguistique.

(18) PRO_{arb} partir maintenant serait une erreur.

On s'attend donc à ce qu'un sujet nul en italien, s'il est vraiment PRO, puisse recevoir une interprétation arbitraire. Cette prédiction s'avère fausse et ceci pousse CHOMSKY à remettre son hypothèse en question.

Le deuxième argument s'appuie sur les travaux de TORREGO (1984) qui démontrent que les interrogatives de l'espagnol se caractérisent par une règle obligatoire de préposition du verbe. Le verbe se déplace dans une position où il gouverne la position sujet pré-verbale. PRO ne peut donc pas être utilisé dans cette position pour les raisons que l'on sait, et ce, même si l'espagnol est, comme l'italien, une langue à sujet nul.

Pro semble donc plus apte à représenter les sujets nuls et il s'ensuit que le paramètre (17) n'est plus nécessaire puisque pro, contrairement à PRO, peut être gouverné.[5] En fait, il y a raison de croire que pro doit être gouverné par INFL et que c'est par le biais de ce gouvernement que sa récupération s'opère. La différence entre les langues à sujet nul et les langues sans sujet nul réside dans la possibilité qu'a INFL d'identifier les traits de pro. Nous reviendrons là-dessus dans la prochaine section.

SAFIR (1985) remet en question l'hypothèse selon laquelle l'inversion libre et les sujets nuls sont reliés formellement, comme le prétendent CHOMSKY (1981) et JAEGGLI (1982). Son argumentation se fonde, d'une part, sur l'existence de dialectes de l'italien qui ne sont pas des langues à sujet nul mais dans lesquels l'inversion libre est possible, et, d'autre part, sur le problème du portugais qui n'inverse pas librement tout en étant une langue à sujet nul. SAFIR propose donc tout simplement de dissocier les deux propriétés et de les faire découler de deux paramètres distincts. Nous n'entrerons pas ici dans les détails de son analyse.[6]

2.1.3. Le cas de pro

Lors de l'introduction de la catégorie vide pro dans la théorie, CHOMSKY (1982), probablement à dessein, est demeuré plutôt vague quant aux conditions précises d'utilisation de cette catégorie vide. On peut se demander entre autres choses: A) Quel type d'élément suffit à autoriser pro? et B) Autorisation et récupérabilité sont-ils les résultats d'opérations différentes et, sinon, comment se fait-il que pro se distingue des autres catégories vides à cet égard? PRO, par exemple, peut être sujet d'une phrase non tensée par le principe de projection étendu, puisque cette position est non gouvernée. Mais PRO reçoit son contenu de la théorie du contrôle. Par contre, dans le cas de pro, sa présence aussi bien que l'identification de son contenu sont rendues possibles par l'intermédiaire du gouvernement par un INFL « riche ».

RIZZI (1986a) fut le premier à soulever la question B. La réponse qu'il y donne est positive. Une des raisons qui le pousse à postuler que l'identification de pro et son autorisation sont deux opérations distinctes est théorique et a trait au fait qu'il en est ainsi pour les autres catégories vides. On ne voit donc pas pourquoi il devrait en être autrement de pro.

RIZZI présente aussi un argument empirique. Selon lui, les phrases du type de (19) en italien impliquent la présence d'un objet vide représenté structuralement et qui ne peut être que pro.[7]

(19) *Gianni e sempre pronto ad accontentare* pro.
      'Gianni est toujours prêt à plaire.'

Dans cette phrase, l'objet vide ne peut évidemment pas être gouverné par INFL qui représente l'accord sujet–verbe; de plus, il n'y a pas dans ces contextes d'accord objet–verbe en italien. Il doit donc être possible d'autoriser la présence de pro autrement que par le gouvernement par INFL.

RIZZI propose que pro est autorisé dans le domaine d'assignation du Cas par une tête donnée. On aurait le principe suivant (RIZZI 1986a):

(20) Pro est marqué pour le Cas par X_y

où X est une tête gouvernante de type y. Il s'agit lors de l'acquisition de la grammaire de déterminer les différentes valeurs que X_y peut assumer dans la langue cible. En anglais, X_y ne prend aucune valeur et, par conséquent, pro ne peut occuper aucune position syntaxique dans cette grammaire. En italien, toujours selon RIZZI, X_y peut être INFL pour pro en position sujet et V pour pro objet direct comme en (19).

En ce qui concerne l'identification de pro, la convention suivante est proposée (RIZZI 1986a):

(21) Pro reçoit les traits grammaticaux de X qui lui est coïndicé si X l'autorise.

Ce qui nous intéresse ici, c'est de déterminer si cette théorie de pro peut aider à répondre à la question A posée plus haut. Nous explorons cette possibilité dans les prochaines sections.

2.2. Clitiques pronominaux

Nous tenterons dans cette section de déterminer la nature et le rôle des clitiques pronominaux en grammaire universelle, et plus particulièrement en relation avec la propriété des arguments nuls afin de pouvoir présenter une analyse unifiée de ces deux propriétés (arguments nuls et clitiques) dans la section 2.3. Cette section est descriptive en ce sens que seules les données sont présentées.

2.2.1. Les dialectes

Plusieurs dialectes sont examinés; certains ont fait l'objet d'études antérieures mais la plupart n'ont jamais été traités dans le cadre théorique que nous adoptons. Toutes les données proviennent d'ouvrages publiés ou de manuscrits, et les références sont données au fur et à mesure. Certaines informations nous sont venues des locuteurs dont les noms apparaissent dans l'avant-propos. Nous nous contentons ici d'établir la liste des dialectes, leur localité principale ainsi que le pays concerné. Pour chacun des dialectes, un bref exposé décrit le développement historique de la région.

2.2.1.1. Occitan: Gévaudanais (Lozère, France)

Toutes les données gévaudanaises que nous examinons proviennent de la thèse complémentaire pour le doctorat d'État de C. CAMPROUX publiée en 1958.

De l'avis de plusieurs,[8] il s'avère extrêmement difficile de déterminer quels étaient les idiomes parlés dans la Gaule à l'époque de l'invasion romaine. Pour cette raison, leur influence sur le développement futur du latin parlé dans le sud de la France actuelle demeure obscure, même s'il semble indéniable que de telles influences se soient produites. Le gévaudanais appartient à un des quatre dialectes qui se développèrent sur le territoire lors de la longue fragmentation.[9]

Ce dialecte de l'occitan présente plusieurs caractéristiques syntaxiques intéressantes dont certaines, croyons-nous, demeurent inconnues de la plupart des syntacticiens. Ces faits ont surtout à voir avec le comportement des clitiques objets, et surtout en rapport avec l'accord du participe passé et le redoublement clitique; ils sont décrits en détail à la sous-section 2.2.2.1. La syntaxe gévaudanaise semble en général relativement libre dans l'ordre des mots. L'originalité de ce dialecte découlerait donc, d'une part de certains usages archaïques du vieil occitan, mais aussi de sources « autochtones » inconnues.[10]

2.2.1.2. Franco-provençal: Valais central (Savièse, Suisse)

Le Valais central désigne le territoire relativement petit de la vallée supérieure du Rhône de même que le dialecte franco-provençal qu'on y parle. Selon OLSZYNA-MARZYS (1964:15), cette partie du Valais représente « un type archaïque et relativement homogène » quand on le compare aux dialectes du Bas-Valais. En 1960, 61 000 personnes habitaient ce territoire mais l'état du dialecte et le nombre de personnes qui le parlent demeurent obscurs à ce jour.[11]

Ce dialecte est intéressant en ce que la distinction entre les pronoms forts (toniques) et les pronoms faibles (atones, clitiques) aux 1re et 2e personnes n'est pas du tout aussi claire qu'en français standard. Par contre, à la 3e personne, il y a une nette différence entre les formes fortes et les formes faibles. Le valais central peut donc être considéré comme un état de langue intermédiaire entre le provençal, langue à sujet nul et sans clitiques sujets, et le français, langue à clitiques sujets, puisqu'il n'établit pas de distinction claire entre formes faibles et fortes (comme c'est le cas uniformément en provençal), sauf à certaines personnes (comme c'est le cas uniformément en français).[12]

Nos données proviennent toutes de l'étude d'OLSZYNA-MARZYS (1964) sur le système pronominal en valais central.

2.2.1.3. Italie septentrionale

Nous regroupons huit dialectes du nord de l'Italie sous une même rubrique puisqu'ils se comportent à peu près tous de la même façon dans les constructions qui nous intéressent. Les renseignements sur ces dialectes sont facilement accessibles et ont même été examinés (dans plusieurs cas) dans le cadre de la grammaire générative.[13] Des informations linguistiques, géographiques et historiques peuvent être trouvées dans plusieurs ouvrages.[14]

Voici la liste des dialectes considérés ici: bolonais, crémonais, florentin, milanais, padouan, piacentais, piémontais et trentais. Seuls le comportement des clitiques pronominaux et quelques faits d'inversion nous préoccupent dans ces dialectes.

2.2.1.4. Ladin

2.2.1.4.1. Frioulan (Udine, Italie)

Le frioulan constitue avec le romanche et la langue des Dolomites un groupe linguistique indépendant souvent appelé « ladin ».[15] Les langues et dialectes qui forment ce groupe sont sans le moindre doute des langues romanes.

Bien que le Frioul soit situé à l'extrême nord-est de l'Italie, la langue qu'on y parle ressemble plus au français qu'à l'italien; mais il n'est pas évident que cette remarque soit pertinente pour autre chose que de signaler certaines de ses propriétés qui sont susceptibles de nous intéresser.

GREGOR (1975) présente un excellent historique du développement de cette région; nous en résumons ici les grandes lignes. Les Carnis, d'origine celte, occupaient le territoire frioulien avant l'invasion romaine qui rencontre peu de résistance. À partir du Vᵉ et jusqu'au Xᵉ siècle, l'histoire de la région est marquée par les envahissements successifs des Goths, des Byzantins, des Lombards, des Francs et des Hongrois. C'est au XIIIᵉ siècle que le Frioul devient partie intégrante de l'Italie, mais des tiraillements politiques constants entre Venise et l'Autriche se soldent en 1797 par la cession par Napoléon du Frioul à l'Autriche. Ce n'est qu'en 1866 que la région décida de s'unir au royaume d'Italie. La Friuli-Venezia Guilia est maintenant une des quatre « régions » politiques de l'Italie depuis 1963.

Nous croyons que le frioulan, avec le romanche et le dolomite, ont été trop souvent négligés par les linguistes. N'oublions pas en effet qu'en Italie seulement il y a environ 800 000 frioulanophones et que la ville de Toronto au Canada en compte à elle seule près de 50 000. À l'exception de la thèse de GOLDBERG (1977) et des travaux de ILIESCU (1972), peu de renseignements linguistiques sont disponibles. Ce que nous savons suffit toutefois pour constater que le frioulan possède quelques caractéristiques syntaxiques qui, tout en n'étant pas nécessairement exceptionnelles, sont tout de même pertinentes. Par exemple, le frioulan partage avec le trentais et la plupart des dialectes italiens de l'Italie septentrionale la possibilité de redoubler d'un pronom clitique sujet tout sujet lexical. Les travaux sur le frioulan appellent ce clitique un pronom « pléonastique ».

L'autre aspect qui fait du frioulan un sujet d'étude fascinant pour la linguistique est ce que nous pouvons appeler la « connexion roumaine ». Une petite partie (environ 75 familles) du nombre total de frioulanophones se trouve en Roumanie, où un dialecte autonome s'est développé depuis 1880, même s'il ne diffère que très peu du frioulan de l'ouest du Frioul. Cette situation offre des possibilités énormes pour toute étude sur la variation et sur les langues en contact (ILIESCU 1972).

2.2.1.4.2. *Romanche des Grisons (Chur, Suisse)*

Une des quatre langues nationales de la Suisse, le romanche, est le seul des trois idiomes ladins (avec le frioulan et le dolomite) qui se soit élevé à ce niveau de reconnaissance politique. Cela entraîne évidemment toutes sortes d'avantages tant pour les locuteurs que pour le linguiste qui s'y intéresse puisque des grammaires sont généralement disponibles. Il faut noter toutefois que le romanche se divise en deux dialectes majeurs: le sursilvain (18 000 locuteurs) et le vallader (6 000 locuteurs). Là où les deux dialectes diffèrent, c'est du sursilvain que nous parlons. Pour le présent ouvrage, nous avons surtout eu recours à LIVER (1982) et à GREGOR (1982).

D'un point de vue sociopolitique, le romanche soulève de vives controverses quant à son origine et à sa position parmi les langues romanes. Les ouvrages que nous avons consultés font tous référence au fait qu'une certaine école philologique s'oppose à la thèse voulant que les trois langues ladines forment un groupe linguistique indépendant et unifié. Selon cette approche, le romanche, le dolomite et le frioulan constitueraient des dialectes de l'italien. L'argument est basé sur le partage de certaines propriétés linguistiques avec des dialectes de l'Italie septentrionale. Cependant, ce genre de débat n'a pas de place dans la théorie que nous adoptons. Comme nous l'avons établi dans le chapitre 1, le seul fait que ces langues ou dialectes partagent certaines propriétés ne suffit qu'à prouver qu'ils sont sans doute tous « romans », sans plus. C'est dans cette seule perspective que les particularités de chacun de ces idiomes peuvent enrichir notre connaissance de la faculté du langage.

Comme dans le cas des autres régions de cette partie de l'Europe, les historiens ne s'entendent pas sur l'origine du peuple qui occupait, avant l'invasion romaine de 15 avant J.-C., le territoire qu'on appelle la Rhétie. Ce peuple aurait pu être illyrien, celte ou, plus probablement, étrusque, selon GREGOR (1982). À travers les invasions successives des Alémaniens, des Ostrogoths et des Francs, la Rhétie fut divisée en deux provinces: la Rhétie I au sud et la Rhétie II au nord. La province du sud seule demeura de langue latine et devint les Grisons qui, en 1498, se joignit à la Confédération suisse.

La grammaire du romanche présente des caractéristiques exceptionnelles dont nous ne pouvons traiter ici (voir note 24). Celle qui nous intéresse davantage est la présence du pronom pléonastique, comme en frioulan et dans la plupart des dialectes de l'Italie septentrionale.

2.2.1.5. Français

Nous avons choisi deux représentants de la langue française dans le monde: le pied-noir et le québécois, tout simplement parce que ces deux dialectes se trouvent historiquement, géographiquement et sociopolitiquement si différents que des caractéristiques similaires dans chacun d'eux ne peuvent pas être attribuées à des influences externes communes. Ces deux dialectes ne partagent d'ailleurs aucune influence, synchronique ou diachronique. Occasionnellement, nous mentionnerons d'autres dialectes français à part le français standard qui servira de point de comparaison: le louisianais, le franbanais et le français d'Afrique noire.[16]

2.2.1.5.1. Pied-noir (Algérie)

Ce n'est que depuis la prise en charge militaire et administrative de l'Algérie par la France à partir de 1830 que le français s'installe décisivement en Afrique du Nord. De quelques francophones à la fin du XVIIIe siècle, on serait passé à environ 4 millions et demi (en 1960).[17]

Le développement d'un dialecte algérien appelé « pied-noir » ou « pataouète » (BACRI 1983) est décrit par LANLY de la façon suivante:

> « La plus grande part des modifications enregistrées par le français colonial est l'œuvre des *colons* eux-mêmes: elle résulte de la rencontre des Français avec des Étrangers qui se sont progressivement francisés; sur eux notre langue s'est répandue à partir de 1830. [...] Au cours des tâtonnements empiriques faits par les Espagnols, les Italiens, les Maltais, le français parlé a notablement évolué. On peut dire qu'un dialecte algérien s'est formé: son histoire commence au moment où des écrivains, en l'utilisant, nous attestent son existence. » (LANLY 1962:22.)

Le pied-noir partage d'intéressantes caractéristiques touchant à l'usage des pronoms personnels avec certains dialectes de l'espagnol, du français et de l'italien.

2.2.1.5.2. Québécois (Canada)

L'histoire du fait français au Canada a été depuis longtemps un sujet d'étude privilégié au Québec. Qu'on pense aux STANISLAS LORTIE, ADJUTOR RIVARD, ERNEST MARTIN et aux autres, plus récents, DULONG (1973), DAVIAULT (1972), ASSELIN et MCLAUGHLIN (1981) et BARBAUD (1984). Suivant les mots d'un d'entre eux, la question est la suivante:

> « Suffit-il simplement [...] d'invoquer le peuplement du Canada par des immigrants venus presque tous de France au dix-septième siècle, pour rendre compte ou expliquer la survivance de la langue française en Amérique du Nord? » (BARBAUD 1984:2.)

Sa réponse à cette question est négative et s'appuie sur l'argument que moins du tiers des colons venus de France parlaient « françoys ». La supériorité numérique d'un groupe parlant un dialecte donné sur un autre parlant un dialecte différent n'aura donc pas pu être un facteur décisif dans la francisation du Canada.

La question est évidemment fascinante mais, pour les besoins de notre cause, il suffit de noter synchroniquement l'existence en Amérique du Nord d'un dialecte du français qui, sans l'effet standardisant des médias et communications, serait devenu, soit beaucoup plus différent du français européen qu'il ne l'est maintenant, soit lui-même un ensemble de dialectes avec ou sans intercompréhension.[18]

Le québécois se rapproche beaucoup du français européen dans sa syntaxe. Seules quelques différences se sont installées qui ne sont d'ailleurs pas spéciales au québécois (cf. LEFEBVRE 1982 pour une série d'articles à ce sujet).

2.2.2. Données et analyse

Dans cette partie du chapitre, les données pertinentes à une étude des arguments nuls et des pronoms personnels sujets et objets sont présentées. Elles nous permettent de formuler des généralisations quant aux possibilités de variation syntaxique et à la typologie des langues et dialectes relativement à la propriété du sujet nul. Sans les données dialectales, ces généralisations demeureraient obscures et inexplorées.

2.2.2.1. La cliticisation

Il y a plusieurs explications historiques au phénomène de la cliticisation, ce processus par lequel certains constituants indépendants de la phrase deviennent, apparemment progressivement, de plus en plus dépendants d'un autre constituant, jusqu'à n'être que des objets morphologiques sans fonction syntaxique réelle. Pour le français, l'analyse la plus répandue veut que l'ancien français ait perdu petit à petit les contrastes dans les désinences verbales qui permettaient, comme en latin et en italien moderne, d'omettre le sujet lexical. En moyen français, cette possibilité existait toujours, selon HIRSCHBÜHLER et JUNKER (1989).[19] Néanmoins, progressivement, l'expression du sujet à l'aide d'un pronom devient obligatoire et le pronom nominatif perd son autonomie, devient atone pour finalement n'être qu'un affixe verbal, un clitique.[20]

Il y a par contre une autre possibilité à cette approche basée sur l'observation que les pronoms sujets sont devenus obligatoires avant la réduction phonologique des désinences verbales (cf. PRICE 1971). HARRIS (1978) propose que l'usage obligatoire des pronoms personnels puisse être attribué à certaines particularités dans l'ordre des mots dans la phrase en ancien français. À la suite d'autres chercheurs, HARRIS rappelle que l'ancien français est passé par un stade où le verbe devait apparaître en seconde position dans la phrase. Ce phénomène, commun à beaucoup de langues, est souvent appelé V-2, pour « verbe deuxième ». Il pouvait (et devait) donc n'y avoir qu'un seul constituant précédant le verbe. C'est en utilisant le pronom sujet comme élément de première position qu'on pouvait souvent satisfaire la contrainte V-2, et le patron S-V-X se serait ainsi généralisé. Selon HARRIS, la réduction phonologique des désinences n'aurait fait qu'accélérer la cliticisation des pronoms; elle ne l'aurait pas déclenchée.[21]

La raison historique au fait que les pronoms nominatifs en français soient atones ou clitiques ne peut servir, à notre avis, à la formulation d'une hypothèse sur le fonctionnement de ces pronoms en français moderne. Il suffira donc de noter que les pronoms nominatifs du français diffèrent de ceux de la plupart des autres langues romanes.

KAYNE (1975) fut le premier à analyser formellement la génération des clitiques pronominaux. À cette époque, les transformations étaient souvent utilisées et il n'est pas étonnant que l'hypothèse de KAYNE en comprenne une qui affixe un pronom à un verbe dans le cas du français. Plusieurs faits distributionnels fondés sur une comparaison entre le français et l'anglais motivent son analyse. Seuls les principaux sont résumés ici.

Contrairement à la grammaire de l'anglais, celle du français établit une distinction profonde entre la forme pronominale du sujet (22a) et un NP sujet ordinaire (22b) (cf. KAYNE 1975:84).

(22) a. Pierre viendra demain.

b. Il viendra demain.

Contrairement au NP sujet, un sujet pronominal ne peut être séparé du verbe (23), modifié (24), conjoint (25) ou accentué (26).[22]

(23) a. * Il, semble-t-il, viendra demain.

b. * Il, souvent, va aux matchs.

c. Pierre, semble-t-il, viendra demain.

d. Pierre, souvent, va aux matchs.

(24) a. * Ils tous viendront demain.

b. * Ils deux vont aux matchs.

(25) a. * Pierre et il viendront demain.

b. * Il et Pierre viendront demain.

c. * Il et elle vont souvent aux matchs.

(26) a. PIERRE viendra demain.

b. * IL viendra demain.

En anglais, les phrases équivalentes aux phrases agrammaticales précédentes sont tout à fait acceptables. Il doit donc être vrai que, au moins au niveau superficiel de la représentation syntaxique, le pronom et le verbe ne forment qu'un seul et même constituant indivisible en français. KAYNE (1975) opte pour une analyse transformationnelle qui déplace le pronom généré en position sujet et le cliticise (i.e. l'affixe) au verbe. La position sujet originale se trouve donc occupée en surface par la trace du pronom déplacé. Les représentations (27) illustrent cette analyse à l'aide de la version courante de la théorie X'.

(27)

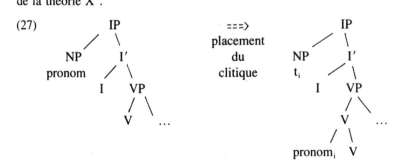

Cette hypothèse s'étend tout naturellement aux pronoms personnels objets qui sont, de façon plus évidente, affixés au verbe par l'ordre des mots.

(28) a.   Pierre mange la pomme.

    b. * Pierre la pomme mange.

    c.   Pierre la mange.

    d. * Pierre mange la.

Parmi les langues romanes, seul le français présente cette particularité d'avoir des clitiques sujets pronominaux.

Les analyses antérieures sont toutes fondées sur le fait qu'il y a normalement dans les langues romanes une distribution complémentaire entre le NP argument et le clitique correspondant.[23] L'agrammaticalité des phrases suivantes en témoigne.

(29) a. * Pierre il va souvent au match.

    b. * Pierre la mange la pomme.

En français standard, ces phrases ne sont acceptables que si les arguments *Pierre* en (29a) et *la pomme* en (29b) sont disloqués; il y aura donc une pause entre l'argument et le pronom en (a) et entre le verbe et l'argument en (b).

Ici, il s'avère utile d'explorer les données pertinentes des dialectes dont nous avons fait mention en 2.2.1. La première observation touche à l'étendue de la cliticisation du sujet. Il n'y a pas que le français et les deux dialectes ladins de la sous-section 2.2.1.4. qui présentent des pronoms sujets clitiques. Les travaux de BRANDI et CORDIN (1981) et de RENZI et VANELLI (1982) révèlent que, dans la plupart des dialectes de l'Italie septentrionale, les pronoms nominatifs sont aussi cliticisés aux verbes. C'est le cas en piémontais, en milanais, en crémonais, en bolonais, en piacentais, en padouan, en trentais et en florentin.

Les exemples suivants, tirés de BRACO *et al.* (1985:192), correspondent à ceux de (23); ils démontrent que les pronoms doivent être cliticisés au verbe et que rien ne peut intervenir entre le clitique sujet et le verbe, mis à part les clitiques objets.

(30) Florentin

    a. * *La ieri ha cantato a Milano.*
        'Elle hier a chanté à Milan.'

    b.   *La glie lo dice.*
        'Elle le lui dit.'

(31) Piémontais

    a. * *A jer l'ha cantà a Milan.*

    b.   *A-j lo dis.*

(32) Trentais

    a. * *La algeri ha cantà a Milan.*

    b.   *La ghe lo dis.*

De plus, l'un des deux idiomes ladins traités ici, le frioulan, présente aussi des pronoms sujets clitiques. Les chercheurs qui se sont penchés sur le frioulan utilisent le terme « pléonastique » en référence aux clitiques sujets. À côté des formes toniques (non clitiques), on a donc des formes atones (clitiques, pléonastiques) pour chacune des personnes. La liste suivante provient de GREGOR (1975:107) et de GOLDBERG (1977:75). Les variantes entre parenthèses appartiennent au dialecte rivignano. Nous donnons quelques exemples en (34).

(33) Frioulan

	tonique	atone
1	*jo*	*o(i)*
2	*tu*	*tu*
3m	*lui*	*al*
3f	*jê*	*e(a)*
4	*nô*	*o(i)*
5	*vualtris*	*o(i)*
6	*lôr*	*a*

(34) Frioulan (GREGOR 1975:107)

a. *Fi, tu tu ses simpri cun me.*
   fils toi tu es toujours avec moi

b. *Dunce lui al è un fregul dificilot cu lis feminis.*
   donc lui il est un peu difficile avec les femmes

Le romanche de son côté ne semble posséder aucune des caractéristiques des langues romanes en ce qui a trait à la cliticisation des pronoms personnels et aux arguments nuls. Les pronoms en romanche ne sont pas clitiques; on ne peut donc établir qu'une seule liste de pronoms sujets, les toniques, donnée en (35). Ce qui est encore plus frappant par contre, c'est que le romanche n'établit pas de distinction morphologique entre les pronoms utilisés comme sujets et ceux utilisés comme objets directs ou indirects. Autrement dit, il n'y a pas en romanche de distinction entre les pronoms nominatifs et accusatifs ou obliques, sauf pour les 1re et 2e personnes.[24]

(35) Romanche (GREGOR 1982:122)

	sujet	objet
1	*jeu*	*mei*
2	*ti*	*tei*
3m	*el*	
3f	*ella*	
4	*nus*	
5	*vus*	
6m	*els*	
6f	*ellas*	

Il n'y a pas non plus de formes atones. À part les cas d'inversions, les pronoms occupent donc les positions des NP arguments, comme en anglais.

(36) Romanche (LIVER 1982:95-96)

  a. *El invida ella.*
   il invite elle
   'Il l'invite.'

  b. *Nus vesein Annina.*
   'Nous voyons Annina.'

Finalement, le pronom sujet doit toujours être exprimé; le romanche n'est donc pas une langue à sujet nul. Il s'oppose en cela, tout comme l'anglais, à l'italien. Les formes agrammaticales (37c et d) sont recréées par nous.

(37) Romanche

  a.   *El conta.*
    'Il chante.'

  b.   *Els dian.*
    'Ils disent.'

  c. * *Conta.*

  d. * *Dian.*

Une preuve indirecte de cette affirmation est donnée par la traduction en latin et en romanche du premier paragraphe des lois de WILLIAM LE CONQUÉRANT, qu'on peut trouver dans PLANTA (1776). Là où le latin exprime un prédicat sans sujet réalisé, le français ainsi que le romanche présentent des pronoms personnels, et ce, sans exception. Voici un exemple de ce fait (PLANTA 1776:30):

(38) a. Latin
   [...] *cujuscunque forisfacturae quis reus sit hoc tempore, et venire potest ad sanctum Ecclesiam.*

  b. Français
   [...] *de quel forfait que home out fait en cel tens, et il pout venir a Sainte Eglise.*

  c. Romanche
   [...] *du quel sfarfatt que om a fatt en que tem, et il pout venir alla Sainta Baselga.*

Le romanche est donc une de ces langues où la richesse morphologique des désinences verbales, tout en étant, semble-t-il, très grande, ne se trouve tout de même pas employée comme stratégie permettant l'élimination de l'usage obligatoire des pronoms sujets. Pour illustrer cette richesse, nous donnons deux exemples de conjugaisons tirés de LIVER (1982:45-46). Le premier montre une conjugaison régulière, celle de *salidar* ('saluer') alors que le deuxième présente la conjugaison de l'auxiliaire *haver* ('avoir') au présent de l'indicatif. (Les voyelles pointées sont fermées.)

(39) *salidar*   *haver*

  jeu salịdel   *jeu hai*

  ti salịdas   *ti has*

  el salịda   *el ha*

  nus salidẹin   *nus (ha)vein*

vus salideis   *vus (ha)veis*

els salidan   *els han*

Le romanche constitue un autre exemple du fait qu'il n'y a pas nécessairement de lien de cause à effet entre un système de désinence riche et les sujets nuls.

Comme nous l'avons mentionné en 2.2.1.4.2., le terme « romanche » recoupe deux dialectes: le sursilvain et le vallader. La présentation précédente se rapporte au sursilvain. Le vallader diffère de l'autre dialecte de façon intéressante. Il semble que celui-ci ait des formes atones pour les pronoms objets indirects. La liste et les exemples proviennent de LIVER (1982:32), où: __C = suivi d'une consonne et __V = suivi d'une voyelle.

(40)   __C (__V)

   1   *am*   (*m'*)

   2   *at*   (*t'*)

   3m   *til*

   3f   *tilla* (*till'*)

   4   *ans*

   5   *as*   (*s'*)

   6m   *tils*

   6f   *tillus*

(41) a. *El am scriva.*

     il me écrit

   b. *Nus til salüdain.*

     nous le saluons

   c. *Ella t'invida.*

     elle t'invite

   d. *Els s' invlidan.*

     ils vous oublient

À part les formes particulières des mots, c'est la seule différence majeure entre les deux dialectes. Le vallader semble donc se rapprocher davantage du français dans la syntaxe des pronoms personnels obliques sans en avoir les pronoms sujets clitiques. À cet égard, il est plus apparenté à l'italien qui n'a, comme lui, que des formes fortes pour le sujet. En italien, par contre, les pronoms sujets sont optionnels, ce qui n'est pas le cas en vallader (et en sursilvain).

Passons maintenant à l'occitan et au franco-provençal. L'occitan, dans sa forme standard, est une langue à sujet nul dans laquelle les pronoms personnels ne sont pas obligatoires étant donné la grande variété des désinences verbales.[25]

(42) *Ai carga lou capèu.*

     ai mis le chapeau

     'J'ai mis le chapeau.'

Le gévaudanais suit cette tendance à la lettre. CAMPROUX (1958) déborde d'exemples dont nous donnons quelques échantillons ici.

(43) a. *Defendeguet de la jamai durbi.*
défendit de la jamais ouvrir
'Il défendit de l'ouvrir.'

b. *Prenguèrou lous autisses que ne sabiôu lou manejamen.*
prirent les outils que en savent le maniement
'Ils prirent les outils dont ils connaissent le maniement.'

Ces exemples montrent que ce dialecte du provençal est une langue à sujet nul. Il n'y a pas de raison de croire qu'il y existe une série de pronoms sujets clitiques (atones). Par contre, tout comme le provençal standard, le gévaudanais a recours à des formes atones pour ce qui est des pronoms objets. En fait, à notre avis, ce sont les usages particuliers des clitiques objets dans ce dialecte qui le rendent si intéressant. Il semble en effet que l'interaction entre une certaine liberté dans l'ordre des mots et la disponibilité des clitiques objets rendent possibles des comportements syntaxiques assez différents de ceux des autres langues romanes. Nous ne prétendons pas que ces comportements soient particuliers au gévaudanais et ne puissent se retrouver dans les autres dialectes occitans, il en est probablement tout autrement. Le gévaudanais nous sert à illustrer ces comportements. Toutes les données utilisées ici proviennent de CAMPROUX (1958).

Le complément d'objet direct peut être placé soit après le verbe soit en tête de phrase.

(44) a. *L'escolo lous efonts aimou gaire.*
l'école les enfants aiment guère
'Les enfants n'aiment pas l'école.'

b. *Lou chastel lou rei perdeguet.*
le château le roi perdit
'Le roi perdit le château.'

c. *Lou pastre aimo lou bi.*
'Le berger aime le vin.'

d. *Ai perdudo ma bacho.*
ai perdue ma vache
'J'ai perdu ma vache.'

Quand le sujet est absent, le complément d'objet direct placé en tête de phrase se retrouve dans une position qui, en surface, ressemble beaucoup à celle du sujet.

(45) a. *Lous gous del bi oublidarai jamai.*
le goût du vin oublierai jamais
'Je n'oublierai jamais le goût du vin.'

b. *Ma bacho ai perdut.*
ma vache ai perdu
'J'ai perdu ma vache.'

Finalement, il y a interaction possible entre cet ordre et l'utilisation des objets clitiques. L'objet pré-phrastique peut être doublé d'un pronom qui se trouve alors pléonastique.[26]

(46) a. *Moun trabal l'ai tout achabat.*
mon travail l'ai tout achevé
'J'ai tout à fait terminé mon travail.'

   b. *Ma bouorio noun jamai la bendriô.*
ma ferme non jamais la vendrai
'Je ne vendrai jamais ma ferme.'

Lorsque le NP objet se trouve répété par un clitique, le participe passé s'accorde avec l'objet (47a). Par contre, lorsque l'objet se trouve en tête de phrase sans être doublé d'un clitique, alors le participe passé demeure invariable (47b). Finalement, si l'objet demeure en position post-verbale le participe passé s'accorde avec lui (47c).

(47) a. *Ma bacho l'ai perdudo.*
ma vache l'ai perdu-3fs
'J'ai perdu ma vache.'

   b. *Ma bacho ai perdut.*
          perdu-3ms

   c. *Ai perdudo ma bacho.*
      perdu-3fs

Ceci suggère la possibilité suivante. Premièrement, on peut accepter l'hypothèse générale que le participe passé employé avec *avoir* s'accorde avec son objet; (47c) appuie cette hypothèse (cf. CAMPROUX 1958:323 pour une discussion de ce phénomène).[27] En (47a), le participe passé s'accorde avec le clitique objet affixé à l'auxiliaire. Il s'ensuit qu'en (47b) l'approche descriptive suggère, soit que le verbe *perdre* n'a pas d'objet, soit que son objet possède les traits non marqués de personne, nombre et genre. Nous reviendrons sur ces données à la section 2.3.

Le redoublement de l'objet en gévaudanais ne se cantonne pas à l'objet direct mais s'étend plutôt à tous les objets.[28]

(48) Objet indirect avec verbe impersonnel:

   a. *Lou reinal li mancabo pas paraulos.*
le renard lui manque pas paroles
'Il ne manquait pas de mots au renard.'

   b. *Moun fraire l' arribabo de si pas leba lou mati.*
mon frère lui arrivait de se pas lever le matin
'Il arrivait à mon frère de ne pas se lever le matin.'

(49) Locatif:

   a. *En dedins de la cour i où metut las bachos.*
en dedans de la cour y ont mis les vaches
'Ils ont mis les vaches dans la cour.'

   b. *Dejous la prado i rajo uno foun.*
dessous la prairie y coule une source
'Il coule une source sous la prairie.'

Il faut de plus noter que les clitiques objets du gévaudanais ne se présentent pas dans le même ordre qu'en français.

(50) a. *Lous mi douno.*[29]
les me donne
'Il me les donne.'

b. *Lou ti dirô.*
le te dira
'Il te le dira.'

c. *Agacho mi le.*[30]
regarde moi le
'Regarde-le moi.'

d. *Balho nous lo.*
donne nous le
'Donne-le nous.'

Certaines cliticisations, impossibles en français, peuvent se faire normalement en gévaudanais.

(51) a. *Me li presento.*
me lui présente
'Il me présente à lui.'

b. *Soumete li te.*
soumets lui toi
'Soumets-toi à lui.'

Finalement, ce dialecte comporte la possibilité que les clitiques objets s'affixent au verbe d'une proposition supérieure (*clitic climbing*) comme c'est le cas en italien standard.

(52) a. *Lous bouguiô prene.*
les voulait prendre
'Il voulait les prendre.'

b. *Leus benguere beire.*
les vins voir
'Je vins les voir.'

c. *Degus la pot durbi.*
personne la peut ouvrir
'Personne ne peut l'ouvrir.'

d. *Lous mi dieu baila.*
les me doit donner
'Il doit me les donner.'

Cette possibilité n'existe en français que dans les constructions causatives du type « *faire* + infinitive »:

(53) a.   Je le fais rire.

b.   Personne ne la fait pleurer.

51

c. * Je la veux prendre.

La propriété qui retiendra davantage notre attention dans cet ouvrage concerne le redoublement du clitique dont des exemples ont été donnés de (46) à (49).

Le dialecte du franco-provençal dont nous traitons ici diffère quelque peu et du gévaudanais et du français standard, surtout en ce qui a trait aux pronoms nominatifs. En valais central, les mêmes formes pronominales sont utilisées aux 1ʳᵉ et 2ᵉ personnes. De l'étude très complète d'OLSZYNA-MARZYS (1964), nous pouvons tirer le tableau suivant:

(54) Les pronoms du valais central[31]

	sujet		objet direct		objet indirect	
	faible	fort	faible	fort	faible	fort
1	yó		me	me	me	me
2	tù		te	te	te	te
3m	i	rlwi	ó	rlwi	wi	rlwi
3f	i	le	a	le	wi	le
4	nó		nó	nó	nó	nó
5	vó		vó	vó	vó	vó
6	i	rlùù	e	rlwi	u	rlùù

Le premier fait intéressant est ce double usage de la même forme comme pronom fort ou faible. Des preuves de cela proviennent des exemples ci-dessous où le pronom est sans contredit soit fort soit faible. Toutes nos données sont d'OLSZYNA-MARZYS (1964).

(55) a. *Me chei fé ma.*
me suis fait mal
'Je me suis fait mal.'

b. *Lwi a falu kansela d arzèn.*
'Il lui a fallu payer de l'argent.'

c. *Chi u keire me.*
'S'il veut me croire.'

d. *Ch e trowa un gru tsen nee pó akunpanye rlwi.*
'Il s'est trouvé un gros chien pour l'accompagner.'

Cette caractéristique pourrait être analysée de deux façons. La première approche consiste à supposer que le pronom est généré à la base en position d'argument pour être par la suite facultativement cliticisé au verbe. Une analyse comme celle de KAYNE (1975) se prête bien à cette interprétation. L'autre hypothèse serait que nous avons simplement affaire à deux utilisations différentes (forte ou faible) de la même forme. Il s'agirait donc simplement d'un cas d'homonymie. Cette dernière hypothèse est soutenue par le fait qu'aux 1re et 2e personnes, le pronom sujet n'a qu'une forme qui est en réalité forte (non clitique). La deuxième hypothèse tient compte de cette distinction entre les deux utilisations, disons de *me*, et l'utilisation unique de *yó*, alors que la première aurait à les traiter de la même façon. On note que le paradigme en (54) n'est pas exclusif en ce qui a trait aux pronoms sujets; un certain nombre de dialectes de l'Italie septentrionale ont des paradigmes très similaires, comportant des formes faibles seulement pour certaines personnes (cf. RENZI et VANELLI 1982).

Restent les dialectes du français. Le pied-noir et le québécois se partagent une des caractéristiques qui semble émerger de la présente étude, celle du redoublement du sujet. Dans ces deux dialectes, ce redoublement est extrêmement fréquent mais demeure facultatif. Les phrases de (56) peuvent se retrouver autant en québécois qu'en pied-noir.

(56) a. Marie elle vient.

b. Pierre il mange.

c. Les loyers ils ont augmenté.

Les seules différences entre le système pronominal de ces dialectes et celui du français standard se situent dans les réductions phonologiques qui peuvent s'interpréter comme des indices du haut degré de dépendance qui existe entre le clitique et le verbe; cette dépendance est probablement moins grande en français standard.[32] Les correspondances moins évidentes sont données en (57).

(57) a. Québécois

3ms	il	→ [i]
3fs	elle	→ [a]
3mp	ils	→ [i]
3fp	elles	→ [i]

b. Pied-noir

2s	tu	→ [tsi] ou [tsy]
3ms	il	→ [i]
3fs	elle	→ [ɛl]
3mp	ils	→ [i]
3sp	elles	→ [ɛl]

Les deux dialectes se différencient d'au moins deux façons. Le pied-noir s'avère, en un certain sens, plus libéral dans les types de NP qui peuvent être doublés d'un clitique sujet. Alors qu'en québécois (FQ) les phrases de (58) sont agrammaticales, elles sont tout à fait acceptables en pied-noir (FPN).

(58) FPN FQ

a. oui * Un homme il vient.

b. oui * Chaque femme elle parle.

c. oui * Personne il sait qui c'est leur mère.

Une étude détaillée de ce phénomène dans ces dialectes et en grammaire universelle est proposée dans ROBERGE (1987).

L'autre différence a aussi trait au redoublement, mais de l'objet cette fois. En pied-noir, le redoublement de l'objet est possible alors qu'il n'est pas accepté en québécois. D'après NAAMAN (1979:146), le franbanais permet aussi le redoublement de l'objet.

(59) Marie l'aime à Jean.
    'Marie aime Jean.'

Encore là, ce phénomène n'est pas unique. Certains dialectes de l'espagnol et de l'arabe ainsi que le roumain ont intégré le redoublement de l'objet comme opération tantôt facultative tantôt obligatoire.

2.2.2.2. *Le double sujet*

Nous avons donc pu constater au moins deux faits importants dans la variation pouvant exister entre les dialectes traités ici. Le premier a trait à la propriété du sujet nul: certains dialectes ont des sujets nuls (gévaudanais, valais) alors que d'autres ne semblent pas les accepter (frioulan, romanche, pied-noir, québécois, dialectes de l'Italie septentrionale). Notons au passage que cela n'a rien d'étonnant puisque la même distinction se retrouve au niveau plus global des langues du monde (italien versus anglais).

La deuxième propriété dont on a constaté l'existence en gévaudanais et en pied-noir est celle qui permet le redoublement d'un NP objet par un clitique objet affixé au verbe. Cette option n'existe pas en québécois, en valais et dans les autres dialectes romans étudiés ici. Encore là, cette différence entre les grammaires se retrouve à une plus grande échelle. C'est ainsi que l'espagnol de la Rio Plata (JAEGGLI 1982) présente de façon tout à fait acceptable le redoublement d'objet, qui est par contre complètement étranger à l'italien standard.

À la section 2.3., nous nous demanderons si la distinction entre, par exemple, le gévaudanais et le québécois en ce qui a trait aux sujets nuls est réellement aussi grande que celle qui existe entre l'italien et l'anglais. Pour répondre, il nous faut préalablement nous poser une autre question, à première vue sans grand lien avec la première, concernant la répétition d'un objet à l'aide d'un clitique: cette possibilité existe-t-elle dans le cas des clitiques sujets? En d'autres termes, puisque cette option est valide pour l'objet, on ne voit pas très bien pourquoi elle serait exclue, en principe, pour le sujet. Cette possibilité de redoubler le NP sujet par un clitique s'avère en fait très répandue. Ceci n'est pas surprenant étant donné que la théorie n'accorde pas de rôle particulier à l'un ou l'autre des arguments.

Commençons par le français. Nous avons vu qu'une des caractéristiques de l'évolution de l'ancien français au français moderne est l'apparition de clitiques sujets. MEYER-LÜBKE résume bien la situation:

« Plus une langue exige l'emploi rigoureux du pronom-sujet avec le verbe, plus le fréquent emploi de ce pronom et sa dépendance à l'égard du verbe le mettent en danger d'être accourci; et même, ses pertes sont plus considérables que l'application des lois phonétiques ordinaires ne le donnerait à prévoir. Surtout lorsque les désinences personnelles ont presque complètement disparu, comme en français, alors ces pronoms prennent tout à fait la place des terminaisons anciennes, et la distinction entre les personnes cesse d'être exprimée, comme en latin, après le radical pour l'être plutôt devant: c'est ainsi, p. ex. que *že* dans *že šāt*, pour un français [...] n'a pas plus de sens que l'*-o* de *amo* pour le romain ou l'espagnol. Or ce déplacement de signification exerce une grande influence sur le développement ultérieur. » (1895:107.)

Un de ces développements ultérieurs semble être le redoublement du sujet du type suivant.

(60) Jean il mange toujours.

Avant d'aller plus loin, il faut préciser que cette caractéristique se retrouve dans le français populaire, peu importe la région de France ou le pays du monde. Par contre, nous estimons que dans certains dialectes elle prend une place si grande qu'elle en devient une propriété.[33] La meilleure preuve de ce que nous avançons est que, dans certains dialectes, le redoublement est obligatoire aussitôt qu'un NP sujet est en jeu. Nous revenons là-dessus plus bas. Dans d'autres dialectes, ce phénomène demeure optionnel mais à une fréquence beaucoup plus grande que ne l'exigerait un simple effet stylistique; c'est le cas en québécois et en pied-noir, où le sujet se trouve souvent redoublé.[34]

La situation est encore plus marquée dans les dialectes de l'Italie septentrionale; pour ceux-ci, dans la plupart des cas, le redoublement est obligatoire. RENZI et VANELLI (1982) établissent une liste de ces dialectes qui comprend le piémontais (turinois), le milanais, le crémonais, le bolonais, le piacentais, le trentais et le florentin. SAFIR (1985) se penche sur le modenais qui se comporte de la même façon. BRACO *et al.* (1985:18) nous fournissent les exemples suivants:

(61) Florentin

    a. *Mario e parla.*

    b. * *Mario parla.*

    c. *Lui e parla.*

    d. * *Lui parla.*

    e. *Te tu parli.*

    f. * *Te parli.*

(62) Turinois

    a. *Mario a parla.*

    b. * *Mario parla.*

    c. *Chiel a parla.*

    d. * *Chiel parla.*

    e. *Ti it parle.*

    f. * *Ti parle.*

(63) Trentais

    a. *El Mario el parla.*

    b. * *El Mario parla.*

    c.   *Lu el parla.*

    d. * *Lu parla.*

    e.   *Ti te parli.*

    f. * *Ti parli.*

(61), (62) et (63)

    a. 'Mario (il) parle.'

    b. 'Lui (il) parle.'

    c. 'Toi (tu) parles.'

On retrouve exactement la même situation dans le dialecte ladin du Frioul, c'est-à-dire le redoublement d'un NP sujet par un clitique sujet obligatoire.

(64) GREGOR (1975:107)

    a.   *Tu tu ti viodis.*
          toi tu te vois

    b. * *Tu ti viodis.*

    c.   *Dunce lui al è un fregul dificilot cu lis feminis.*
          donc lui il est un peu difficile avec les femmes

    d. * *Dunce al è un fregul dificilot cu lis feminis.*

    GOLDBERG (1977:114)[35]

    e.   [*il pópul furlán al čakáre kun orgólio furlán*]
          le peuple frioul il parle avec orgueil frioulan
          'Le peuple frioul parle fièrement frioulan.'

    f.   [*já ni al mánje spes milúts*]
          Jean il mange souvent pommes
          'Jean mange souvent des pommes.'

Nous nous contenterons ici de noter que les données du redoublement du sujet suggèrent l'hypothèse qu'un NP sujet et un clitique sujet occupent deux positions différentes dans la structure syntaxique des langues qui ont des clitiques sujets. Sinon, comment pourrait-on espérer fournir une explication au phénomène du redoublement du sujet?

On peut donc en premier lieu supposer que la construction à redoublement du sujet aura la représentation schématique suivante, où « scl » réfère à « clitique sujet ».

(65) NP   scl V
      Jean il   vient.

Comme il n'y a pas de raison de croire que le clitique sujet n'occupe pas la même position qu'en (65) lorsqu'il n'y a pas de redoublement, on doit supposer que la position qu'occupe le NP sujet peut être vide:

(66) [$_{NP}$ ø] scl V
            Il   vient.

Une des questions auxquelles nous offrons une réponse à la section 2.3. concerne le statut du NP vide en (66).

Pour récapituler, nous établissons une distinction binaire entre les langues-dialectes du monde, entre ceux qui ont des clitiques sujets (+ scl) et ceux qui n'en ont pas (− scl).[36]

(67)

+ scl	− scl

français standard
dialectes du français
dialectes de l'Italie
  septentrionale
frioulan
pashto
  ...
	italien
	anglais
	romanche
	gévaudanais
	occitan
	allemand
	hébreu
	  ...

2.2.2.3. Un trou typologique

Revenons maintenant à une autre des propriétés étudiées ici: le sujet nul. Nous avons déjà pu constater que certains dialectes le permettent, d'autres pas, et que cela vaut aussi pour les langues du monde. Une distinction typologique peut donc se faire ici et nous l'appliquons aux deux groupes auxquels nous sommes arrivés en (67).

(68)

+ scl		− scl	
− sujet ø	+ sujet ø	− sujet ø	+ sujet ø

français
pied-noir
québécois
dialectes de l'Italie
  septentrionale
frioulan
  ...
	?	anglais
		allemand
		romanche
		  ...
			italien
			gévaudanais
			occitan
			espagnol
			  ...

Cette typologie, cette façon de classer les grammaires, fait ressortir l'absence d'un groupe de langues: celles qui ont des clitiques sujets tout en étant à sujet nul. En termes concrets, la représentation suivante semble non attestée dans les langues qui ont des clitiques sujets.

(69) * [$_{NP}$ ø] [$_{scl}$ ø] V
        * Vient.

Donc, comme nous l'avons déjà vu en florentin (a) et en français (b), pour ne citer que ceux-là, les phrases non impératives suivantes sont agrammaticales.

(70) a. * *Parla.*

b. * Parle.

'Il parle.'

Cette absence de langue, ce trou, est problématique et nous force à réviser nos positions quant à la façon de diviser les langues-dialectes. Il va sans dire que le trou en (69) n'est pas pour nous le résultat du hasard. La distinction typologique entre langues à clitiques sujets et langues sans clitiques sujets n'est pas réelle en cette matière, c'est-à-dire qu'elle n'est pas aussi profonde que le schéma (68) le laisse croire, et on doit réanalyser les langues de la branche gauche (+ scl). Deux directions s'offrent à nous: ces langues s'intègrent soit à la liste « -sujet ø », comprenant l'anglais, soit à la liste « + sujet ø », qui comprend l'italien. Ce sont là les deux seuls choix.

Il est intéressant de noter que la première option a toujours été adoptée; ainsi on lit souvent dans les études de grammaire générative que l'anglais et le français s'opposent à l'italien et à l'espagnol en ce que les deux dernières admettent les sujets nuls alors que les deux premières ne les permettent pas. Nous prenons plutôt la deuxième direction; des arguments doivent donc être trouvés pour étayer une théorie qui analysera le français, le frioulan et le florentin, par exemple, comme l'italien, l'espagnol et l'occitan. C'est la tâche que nous nous proposons dans la section suivante.

2.3. Analyse unifiée

Avant d'entrer dans les détails de l'analyse, il doit être souligné que l'idée de base n'est pas nouvelle. MEYER-LÜBKE (1895), NYROP (1925) et d'autres, probablement, ont eu le même sentiment par rapport à la valeur des clitiques sujets. Nous préconiserons que le pronom clitique sujet fait partie intégrante de la morphologie verbale et qu'il peut être interprété comme une désinence pré-verbale.[37] En tant que tel, un clitique sujet a la même fonction que la désinence verbale en italien. Nous nous intéressons particulièrement au trou typologique dont nous avons discuté auparavant.

Pourquoi les langues à clitiques sujets ne sont-elles pas des langues à sujet nul comme l'est l'italien? Notre réponse est que les langues à clitiques sujets sont en réalité des langues à sujet nul qui se distinguent du type italien dans la façon dont pro en position sujet est récupéré. Dans les langues comme l'italien et l'occitan et les dialectes comme le gévaudanais, pro sujet reçoit son contenu sémantique (sa référence) par le biais de la désinence verbale, alors que, dans une langue comme le français ou un dialecte comme le florentin, pro sujet est identifié par un clitique sujet. Nous nous retrouvons donc avec la représentation schématique suivante: [pro_i scl_i V].

Afin de déterminer exactement la position de scl dans la structure syntaxique, un examen des conditions dans lesquelles on a déterminé que pro peut apparaître est de rigueur.

Le premier cas qui vient à l'esprit à côté de celui, déjà mentionné, de sujet dans les langues à sujet nul du type italien est celui d'objet dans les langues avec clitiques objets. Nous donnons quelques exemples ici, en italien (RIZZI 1982), espagnol (JAEGGLI 1982), français (ZUBIZARRETA 1982), arabe (AOUN 1979) et roumain (FARKAS 1978).

(71) Italien
Gianni la$_i$ presenterà pro$_i$ *a Francesco.*
'Gianni la présentera à Francesco.'

(72) Espagnol
Juan lo$_i$ visito pro$_i$.
'Jean l'a visité.'

(73) Français
Marie le$_i$ mange *pro$_i$*.

(74) Arabe
Šif -t -a$_i$ pro$_i$.
voir(PAS) 1s le
'Je l'ai vu.'

(75) Roumain
L$_i$-am văzut pro$_i$.
le ai vu
'Je l'ai vu.'

Dans les exemples précédents, pro se trouve dans la position d'objet qui est générée du fait que les verbes assignent un rôle-θ à cette position. En d'autres termes, ces verbes « demandent » un objet et celui-ci doit être présent à tous les niveaux de représentation syntaxique à cause du principe de projection. En structure-D, cette position peut être vide ou lexicale. Dans le cas où elle est vide, son contenu doit être récupéré d'une certaine façon. Les langues dont nous donnons des exemples ici ont recours à des clitiques objets pour accomplir ceci; il n'y a pas d'accord du verbe avec l'objet dans ces cas.

On peut donc formaliser cette approche naturelle de la façon suivante. La présence de pro objet est autorisée par le critère-θ (comme l'est celle d'un objet lexical) et son contenu est récupéré par un clitique qui lui est coïndicé. On obtient ainsi la représentation suivante, où « ocl » remplace « clitique objet »:

(76)　　...　　VP
　　　　　　／　＼
　ocl$_i$ + V　　NP
　　　　　　　　 |
　　　　　　　 pro$_i$

Dans certaines grammaires particulières, cette possibilité peut s'étendre à d'autres constructions.

(77) NP génitif
　　a. Hébreu (BORER 1983)
　　　　beit-o$_i$ pro$_i$
　　　　'sa maison'

b. Arabe
$\textit{?umm-a}_i$ pro_i
'sa mère'

(78) PP

   a. Hébreu (BORER 1983)
     $\textit{?it-o}_i$ pro_i
     'avec lui'

   b. Arabe
     $\textit{wiya-ha}_i$ pro_i
     'avec elle'

En (77) et (78), les clitiques, au lieu de s'affixer aux verbes comme dans les phrases (71) à (75), s'attachent à N ou P. Dans ces deux derniers cas, il y a assignation de rôles-θ aux objets.

On peut maintenant se demander jusqu'à quel point un clitique peut récupérer pro. Autrement dit, doit-il exister une relation structurale particulière entre le clitique et pro? D'après la structure (76), il semble que la c-commande soit nécessaire. La première projection maximale (XP) qui domine le clitique doit donc dominer pro. En posant une telle condition, on arrive à expliquer pourquoi une trop grande distance linéaire — traduite en structure par une absence de c-commande — empêche la récupération de pro.

(79) a.   * Jean la$_i$ pense que Pierre connaît $\textit{pro}_i$.

    b.   Jean pense que Pierre la$_i$ connaît $\textit{pro}_i$.

Il se peut que cette condition soit en fait un peu plus compliquée que de la simple c-commande. Le fait que le clitique apparaisse la plupart du temps sur la tête qui assigne le rôle-θ à « son » pro nous pousse à croire qu'il s'agit peut-être d'une relation de gouvernement, celle qui existe normalement entre le verbe et ses arguments internes.

L'autre possibilité pour rendre compte du fait que le clitique s'affixe à la tête verbale est de supposer que ce clitique représente le Cas ou l'absorbe (cf. BORER 1983 et JAEGGLI 1986a qui ont proposé des analyses suivant ces grandes lignes). Cette hypothèse a l'avantage d'expliquer qu'un argument lexical et un clitique se trouvent généralement en distribution complémentaire lorsqu'ils correspondent à la même réalité puisqu'il n'y a qu'un Cas disponible.

L'analyse de RIZZI (1986a) dont nous avons discuté plus haut est incompatible avec celle présentée ici puisque le contexte d'autorisation de pro n'est pas celui de l'assignation du Cas mais celui de l'assignation du rôle-θ. Bien que ces deux domaines soient le plus souvent identiques, si nous supposons que le clitique absorbe le Cas, alors il est impossible de dire que pro est autorisé lorsqu'il est dans le domaine d'assignation du Cas. La présence de pro serait donc peut-être due à l'absence de Cas assigné à la position d'argument interne. Cette dernière hypothèse est conforme à la thèse générale soutenue dans BOUCHARD (1984) qui veut que les NP vides soient des NP qui ne sont pas visibles en PF du fait qu'ils n'ont pas de Cas.

Il s'agit maintenant d'étendre cette analyse aux clitiques sujets. Nous partons du principe que l'hypothèse nulle pour la théorie veut que les clitiques sujets et les clitiques objets aient les mêmes propriétés intrinsèques. Si des différences existent, elles doivent pouvoir être attribuées aux positions différentes qu'ils occupent et non pas à des différences intrinsèques. Il en est de même pour les NP; le NP *la table* en (80a) se comporte différemment du même NP en (80b), comme le montrent les exemples de (81), mais cela n'est pas dû au fait que les deux NP soient différents. C'est simplement qu'il y a des asymétries sujet–objet produites par les structures.

(80) a.　La table est brisée.

　　 b.　 Jean a brisé la table.

(81) a.　* Que dis-tu que *t* est brisé?

　　 b.　Que dis-tu que Jean a brisé?

Nous croyons, contrairement à KAYNE (1984), qu'il en est de même des clitiques.

L'autre hypothèse de base que nous adoptons est que les clitiques sont tous les mêmes dans les grammaires. Cette hypothèse nous pousse à analyser les clitiques sujets toujours de la même manière, que ce soit pour le français ou pour des dialectes de l'Italie septentrionale. Suivant cette approche, les clitiques sujets du français ne sont pas différents de ceux qu'on trouve en trentais, par exemple.

Nous supposons que les différences dans les comportements des clitiques sujets dans les langues peuvent être paramétrisées. Ces paramètres sont probablement les mêmes que ceux qui sont utilisés pour différencier les comportements des autres clitiques dans les langues.

Un clitique sujet, tout comme un clitique objet, peut donc récupérer un pro argument si celui-ci est c-commandé (ou gouverné) par le clitique. Pour ce qui est de la position d'argument externe, la structure phrastique est telle que la seule position disponible est INFL. Il doit donc être possible de supposer que le clitique sujet est généré dans INFL, comme en (82), et qu'il est coïndicé au pro sujet.

(82)

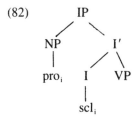

Il est intéressant de noter qu'une autre similarité entre le clitique objet (76) et le clitique sujet se révèle dans cette structure (82): les deux se trouvent sur la tête qui assigne le Cas, et ce, probablement parce que les deux l'absorbent. C'est en effet INFL qui assigne le Cas nominatif à l'argument externe.

Une différence entre les deux utilisations de pro (sujet et objet) est que celui-ci n'est pas nécessairement autorisé par l'assignation d'un rôle-θ lorsqu'il est sujet alors que cette condition doit être satisfaite lorsqu'il est objet.

(83) a. *pro*$_i$ Il$_i$ semble que Jean viendra.

      $-\theta$

  b. * Jean la$_i$ meurt *pro*$_i$.

          $-\theta$

L'interaction entre le principe de projection étendu et le critère-θ rend compte de cette asymétrie, qui n'est pas du tout restreinte à pro mais est valable pour les sujets et objets, qu'ils soient lexicaux ou vides. La présence du clitique sujet en (83a) est obligatoire de façon à récupérer les traits grammaticaux de pro (ici, explétif).

Nous revenons maintenant au trou typologique de (68). La question consistait à déterminer pourquoi les langues avec clitiques sujets ne sont jamais aussi à sujet nul. Nous avons maintenant une approche différente qui veut que les langues à clitiques sujets soient des langues à sujet nul dans lesquelles pro est récupéré par le clitique sujet. Le problème auquel nous faisons maintenant face est de déterminer pourquoi la structure suivante est absente de la typologie des langues.

(84) $[_{NP}$ *pro*$_i$ $]$ $[_{INFL}$ $[_{scl}$ $\emptyset$ $]$ $]$ V

La réponse est tout simplement que, lorsque le sujet est vide en structure-D dans ces langues et dialectes, il *doit* être récupéré par un clitique. Voici donc le paradigme de possibilités:

(85) a.   NP   V

  b.   pro scl V

  c. * pro   V

  d. (*) NP scl V

Il en va de même pour les clitiques objets dans VP (86), NP (87) et PP (88).

(86) a.   V   NP

  b.   ocl + V pro

  c. * V   pro

  d. (*) ocl + V NP

(87) a.   N   NP

  b.   N + ocl pro

  c. * N   pro

  d. (*) N + ocl NP

(88) a.   P   NP

  b.   P + ocl pro

  c. * P   pro

  d. (*) P + ocl NP

Dans la dernière section de ce chapitre, nous explorons un des problèmes que les données de l'acquisition posent pour nos hypothèses d'analyse du sujet nul et des clitiques sujets. Auparavant, nous offrons quelques remarques sur l'hypothèse que les constructions examinées dans ce chapitre soient le résultat d'emprunts.

2.4. Notes sur les emprunts

Dans un contexte informel, la conception qu'on se fait des dialectes est presque toujours teintée par son expérience et son degré de conscience de l'échelle sociale utilisée dans sa communauté. Ceci se traduit souvent par un jugement de valeur quant à la « qualité » de la langue utilisée par un individu, si bien que la « pureté » de cette langue est, croit-on, inversement proportionnelle au nombre de traits dialectaux qu'elle contient.

Cette notion de pureté dans ce contexte précis s'avère évidemment très subjective et le plus souvent injustifiée. Dans cette section, nous tentons de démontrer que la notion d'emprunt utilisée pour juger de la qualité d'une langue ou d'un dialecte est sans fondements réels dans le contexte de notre approche. Pour ce faire, nous aurons recours à trois constructions syntaxiques dont on a dit qu'elles constituaient des emprunts à d'autres langues.

2.4.1. Redoublement du sujet

Selon BACRI (1983) et LANLY (1962), un pronom personnel sujet est souvent utilisé avec un sujet lexical en pied-noir (français d'Algérie) comme en (89), ce qui n'est pas le cas en français standard.

(89) a. Si tu te noies, ta mère elle te tue!

b. Le soleil il brille toujours pour tout le monde.

c. Les yeux ils sont beaux, le reste, tu peux jeter.

Pour des raisons pragmatiques, ce phénomène se retrouve plus fréquemment avec la 3e personne (singulier et pluriel).

Plusieurs analyses peuvent être proposées pour rendre compte de ce phénomène propre non seulement au pied-noir, mais aussi au québécois et à la langue populaire en général. Il est possible, entre autres, de supposer que le pronom atone est interprété comme une marque morphologique de l'accord qui existe entre le sujet et le verbe. À cet effet, SCHOGT (1968:14-15) note que:

> « Les pronoms sujets atones font partie de la forme verbale et doivent être considérés comme des préfixes indicateurs de la catégorie de personne, qui n'est pas exprimée par la forme *non-préfixée* [i.e. le sujet] […] Il est [donc] clair que là où il n'y a pas de marque spéciale dans la forme verbale même, c'est le pronom qui apporte toute l'information concernant la catégorie de personne. »

On voit donc qu'une explication formelle peut être avancée, comme nous l'avons fait dans les sections précédentes. D'un point de vue plus sociologique, il a été suggéré que cette construction du pied-noir soit un emprunt morpho-syntaxique à l'arabe. LANLY

(1962:215) note que la marque morphologique d'accord du sujet pour la 3ᵉ personne du masculin singulier en arabe est un *i-*, comme dans l'exemple suivant:

(90) *Buya i-quul.*
     'Mon père dit.'

La ressemblance entre le *il* prononcé [i] et cette marque d'accord en arabe aurait fait qu'en pied-noir on a développé le redoublement du sujet. On aurait donc affaire ici, selon LANLY (1962), à une influence de l'arabe sur le dialecte du français parlé en Algérie.

Évidemment, cette hypothèse est discutable lorsqu'on la considère à la lumière des données, disons du québécois, qui possède aussi le redoublement du sujet, puisqu'il est pour le moins improbable que l'arabe ait pu avoir quelque influence que ce soit sur l'évolution du français au Québec.[38] Il serait probablement plus juste et profitable de croire que les principes et les règles de la grammaire universelle interagissent avec certaines propriétés du français (ou de toute autre langue) pour permettre le redoublement du sujet dans certains dialectes et que nous n'avons pas affaire ici à un cas d'emprunt.

2.4.2. Redoublement de l'objet

Le même raisonnement s'applique au phénomène du redoublement de l'objet attesté en pied-noir.

(91) LANLY (1962)

    a. Tu vas pas me photographier à moi?

    b. Je l'ai tué à l'inspecteur.

    c. Il a voulu le poignarder à lui.

Après avoir remarqué que l'espagnol possède aussi ce type de construction, LANLY (1962:222-225) suppose que cette langue aurait eu une influence sur son développement en pied-noir; en effet, beaucoup d'hispanophones se sont retrouvés en Algérie à un moment donné dans l'histoire.

Par contre, cette hypothèse est à nouveau problématique si on tente de l'étendre à la même construction en franbanais (français du Liban) puisque, comme le note NAAMAN (1979), beaucoup de peuples différents ont occupé le Liban mais les Espagnols ne sont pas du nombre. Parmi les autres, il est fort probable qu'aucun n'ait possédé le redoublement de l'objet comme caractéristique grammaticale de sa langue.

2.4.3. Prépositions orphelines

Comme nous avons pu le constater dans les sections précédentes, une des généralisations qui doit émerger de toute recherche syntaxique, peu importe le cadre théorique, a trait à la réalisation des structures d'argument. En effet, il est normalement tacitement supposé que la structure d'argument des catégories grammaticales doive nécessairement être reflétée à un niveau ou à un autre de la grammaire. Généralement, elle se réalise soit dans la structure syntaxique de la phrase, soit dans la structure morphologique des mots. La raison sousjacente à cet état de fait est plutôt évidente et concerne le développement de la langue chez l'individu qui se trouve exposé à celle-ci. Il doit lui être possible de déduire d'une façon ou d'une autre les propriétés argumentales des mots de la langue. Autrement dit, une certaine « récupérabilité » opère, qui permet au locuteur de se rendre compte qu'un verbe, par exemple, est transitif (comme *faire*) ou intransitif (comme *rire*). Sinon, on ne voit pas très bien comment l'état stable de la langue adulte pourrait jamais être atteint.

En prenant l'exemple d'un verbe transitif simple, il existe en général deux possibilités pour la réalisation de cette condition de bonne formation des structures phrastiques:

1- l'argument interne se trouve représenté dans la structure du VP comme un syntagme nominal lexical complet, un objet direct;

2- dans certaines langues, l'argument est inclus dans la forme même du verbe, et l'objet est alors une marque d'accord morphologique ou un pronom objet atone.

Ces deux possibilités sont illustrées par les phrases (92). La position de *Jean* en (92a) est occupée par une catégorie vide (notée *e*) en (92b).

(92) a. Pierre voit *Jean*.

b. Pierre *le*-voit *e*.

De plus, il semble exister une correspondance exacte entre la présence d'un pronom atone et celle de la catégorie vide qui fait que l'un ne va pas sans l'autre, comme le montrent les phrases suivantes:

(93) a. * Je la$_i$-vois Marie$_i$.

b. * Je fais *e*.

En (93a), le pronom atone se trouve associé à un NP lexical alors qu'en (93b), une occurrence de la catégorie vide n'est pas associée à un pronom atone. Les deux cas sont en général rejetés en français standard.

D'un autre côté, des contre-exemples à cette généralisation existent. Nous avons signalé plus haut que le pied-noir permet à un pronom atone d'être associé à un NP lexical de façon similaire à (93a).

(94) *Marie l'-aime à Jean*.

Rizzi (1986a) a mis à jour une classe de contre-exemples à (93b). Diverses langues dont le français, l'italien, l'espagnol et l'arabe permettent dans certains cas qu'une catégorie vide ne fasse pas partie d'un complexe avec le pronom atone, comme en (95).

(95) La course à pied garde *e* en forme.

Tournons-nous maintenant vers les prépositions puisque celles-ci possèdent la même caractéristique que les verbes au niveau qui nous intéresse, c'est-à-dire celle de prendre des compléments. Un des faits remarquables les concernant est cette possibilité qu'elles ont d'apparaître sans complément réalisé, même si celui-ci est implicite. On leur assigne généralement l'étiquette de « prépositions orphelines ». Sans présenter une analyse formelle des prépositions orphelines, Zribi-Hertz (1984) propose tout de même des arguments empiriques à l'encontre de deux hypothèses.

Selon la première hypothèse, l'objet vide de la préposition correspond (en gros) à une variable liée soit par un topique lexicalisé (96), soit par un opérateur vide relié au contexte discursif (97).

(96) Cette valise$_i$, je voyage toujours avec e_i.

(97) A: Ton fils a-t-il vu la Sainte-Chapelle$_j$?

B: Oui. Pendant que nous visitions Notre-Dame, Pierre est passé devant e_j.

Elle note que de façon générale les extractions ne sont pas permises à partir des positions qu'occupent les catégories vides en (96) et (97). Ce fait est pertinent dans la mesure où le résultat de l'extraction en (98) et (99) n'est pas le même qu'en (96) et (97), où il y a liage d'une variable par un opérateur.

(98) * Cette chaise$_i$ a été montée dessus e_i.

(99) * Quelle chaise$_i$ a été montée dessus e_i?

De plus, des phrases anglaises très similaires à celle de (96) semblent impliquer un mouvement puisque la relation entre le topique et la catégorie vide possède les propriétés qui caractérisent les mouvements WH. Elle est sans limite (*unbounded*) mais obéit à la sousjacence.

(100) a. *This book$_i$, I asked Bill to get his students to look at* e_i.
'Ce livre, j'ai demandé à Bill de le faire lire par ses étudiants.'

b. * *This book$_i$, I accept the argument that John should look at* e_i.
'Ce livre, j'accepte l'argument que Jean devrait y jeter un coup d'œil.'

c. * *This book$_i$, I wonder who looked at* e_i.
'Ce livre, je me demande qui y a jeté un coup d'œil.'

De la même façon, la construction française est sans limite.

(101) Notre Dame$_i$, j'ai dit au conducteur de vous expliquer que vous ne passerez plus devant e_i.

Par contre, elle ne semble pas devoir obéir à la sousjacence.

(102) a. Notre Dame$_i$, je regrette vivement le fait que vous n'ayez pu passer devant e_i.

b. Notre Dame$_i$, je vous prie de me dire qui vient de passer devant e_i.

Zribi-Hertz conclut que la différence entre les constructions françaises (101) et (102) et anglaises (100) se situe dans la nature de la catégorie vide objet de la préposition: en français, ce ne peut pas être une variable. La première hypothèse doit donc être rejetée.

Selon la deuxième hypothèse explorée (mais rejetée) par Zribi-Hertz, la préposition orpheline n'a pas d'objet vide représenté structuralement. L'argument manquant se trouve récupéré dans le discours. Cette analyse est celle adoptée par la plupart des grammairiens traditionnels et donne aux prépositions discutées ici une valeur adverbiale. À l'encontre de cette hypothèse, Zribi-Hertz invoque l'existence d'un principe général qui gouverne la bonne formation des constructions topicalisées.

« Dans une structure topicalisée de la forme [TOP S'], les deux éléments, Topic et S', doivent entrer dans une relation sémantique donnée. Cette condition est satisfaite particulièrement quand S, compris dans S', contient une position à référence ouverte, disons x, telle que x est coïndicé au syntagme topicalisé. » (ZRIBI-HERTZ 1984:13.)[39]

Dans les exemples donnés jusqu'à présent, cette condition est toujours respectée. Si les constructions avec prépositions orphelines ne commandent pas de position objet vide, elles ne sont pas des constructions topicalisées et ne devraient par conséquent pas se soumettre à la condition précédente. Mais ce n'est pas le cas: les exemples clairs qui ne contiennent pas de position référentielle ouverte sont agrammaticaux.

(103) a. Cette valise, je l'ai achetée l'année dernière.

b. Cette valise, je voyage toujours avec.

c. * Cette valise, je déteste les bagages.

Cet argument est le seul présenté par ZRIBI-HERTZ contre l'analyse que nous pouvons appeler les prépositions intransitives. Un autre fait qui appuie l'hypothèse d'une catégorie vide objet de la préposition orpheline est le contraste très net qui existe entre les deux phrases (104) et que l'analyse traditionnelle ne peut pas définir.

(104) a. A: Je m'en vais à la maison.

B: Moi avec!

b. A: Çà c'est une belle cravate!

B: Oui, je sors toujours avec.

L'usage purement adverbial de (104a) est tout à fait différent de celui de la préposition orpheline en (104b) et dont l'objet est nécessairement bien défini dans la phrase ou dans le contexte discursif. Dire que les deux usages sont identiques va à l'encontre des faits.

Dans son article sur les objets implicites arbitraires, RIZZI (1986a) indique dans une note que les prépositions en français comptent probablement parmi les constituants pouvant autoriser pro sur la base des données dont nous discutons ici. Selon son analyse, le rôle-θ assigné par la préposition à son objet comporte des traits grammaticaux invisibles servant à l'identification de pro. Donc, comme dans le cas des objets implicites de verbes qui les affectent dans le sens de JAEGGLI (1986b) (cf. (95)), la tête lexicale qui autorise pro est aussi celle qui l'identifie. RIZZI souligne que son approche fournit une explication directe au contraste qui existe entre (105a) et (105b).

(105) a. On est parti avec $\left\{\begin{array}{l}\text{ma voiture}\\ pro\end{array}\right\}$.

b. On est parti avec $\left\{\begin{array}{l}\text{ma voiture}\\ *pro\end{array}\right\}$ à réparer.

En (105a), pro est l'objet de *avec* et est autorisé en même temps qu'identifié par cette préposition. En (105b) par contre, pro est plutôt le sujet d'une petite proposition dont le prédicat est la phrase infinitive. Donc, même si en principe pro peut être autorisé (par la préposition) dans cette phrase, il n'en demeure pas moins que le contenu de pro ne peut être récupéré puisque la préposition ne le thêta-marque pas.

TULLER (1986:379) critique cette conclusion et propose plutôt que le sujet de la petite proposition de (105b) est obligatoirement coïndicé avec le prédicat propositionnel et que cette situation résulte en une phrase agrammaticale parce que ce prédicat n'a pas les traits grammaticaux nécessaires à l'identification de pro.

Il est légitime de se demander pourquoi on analyse la suite *ma voiture à réparer* en (105b) comme une petite proposition. Il existe une hypothèse concurrente qui qualifie cette suite de NP, comme d'ailleurs toute autre phrase relative; voici des exemples:

(106) a. On est parti avec [$_{NP}$ la voiture que Jean a réparée].

b. Je connais [$_{NP}$ la personne que Jean t'a présentée].

La seule différence est qu'on a ici affaire à une relative infinitive du type suivant:

(107)   Il m'a donné un livre à lire.

Notons que dans les trois cas la tête de la relative ne peut être vide.

(108) a. * On est parti avec [e que Jean a réparé].

b. * Je connais [e que Jean t'a présenté].

c. * Il m'a donné [e à lire]. (Cette proposition devient correcte si elle signifie « de la lecture ».)

Les relatives sans tête ont une distribution limitée. En voici certains exemples:

(109) a. J'aime [qui m'aime].

b. Je veux [à manger].

c. Donnez-lui [à boire].

Une analyse de cette construction dépasse le cadre de cet ouvrage, mais on peut noter qu'il y a une différence dans l'interprétation de (108c) et celle de, disons, (109b). Cette dernière phrase réfère à une chose x définie qui doit ou peut être mangée, alors que ce n'est pas le cas en (108c) où ce qu'on donne n'est défini qu'en fonction de sa capacité d'être lu.

De plus, il existe des phrases similaires qui ne sont grammaticales qu'avec un élément dans le SpecC, comme (110) le démontre.

(110) a.   J'aime [ce que tu bois].

b. * J'aime [que tu bois].

De même, cette exigence se retrouve dans des phrases similaires à (108a) et (108c).

(111) a.   On est parti avec [ce que Jean a réparé].

b. * On est parti avec [que Jean a réparé].

(112) a.   Je sais [ce que Jean veut].

b. * Je sais [que Jean veut].

Nous en concluons que les phrases (109a), (110a) et (111a) contiennent des relatives sans tête ayant une structure semblable à:

(113) $[_{IP}...[_{VP} V [_{CP} [_{Spec} WH_i] [_C e] [_{IP}... t_i ...]]]]$

où WH = *qui*, *ce que*, etc.

L'interprétation indéfinie de ces phrases peut donc se rapprocher de celle qui est faite de phrases purement interrogatives comme:

(114) a. Qui est-ce qui m'aime?

b. Qu'est-ce que tu aimes?

c. Qu'est-ce que Jean a réparé?

Dans le cas des relatives infinitives de (109b et c), l'analyse sera similaire, c'est-à-dire qu'un opérateur extra-phrastique lie la variable se trouvant dans l'infinitive. La présence d'un élément introducteur de phrases enchâssées infinitives, c'est-à-dire le complémenteur *à*, peut être interprétée comme signalant la présence de l'opérateur. Ceci peut rendre compte des interprétations complètement différentes qu'on assigne aux deux phrases suivantes:

(115) a. Je veux manger.

b. Je veux à manger.

Celles-ci peuvent être paraphrasées comme en (116a et b) respectivement.

(116) a. Je veux faire l'action de manger.

b. Je veux quelque chose à manger.

Finalement, le contraste en (105) présenté par RIZZI comme évidence pour son analyse des prépositions orphelines du français est dû à une restriction plus générale sur la nature de la tête des relatives et non pas à un problème d'identification de pro en rapport avec son gouverneur prépositionnel.

Sur un autre plan, TULLER (1986:377) note que l'hypothèse de RIZZI suivant laquelle une préposition peut comporter des traits grammaticaux invisibles qui permettent l'identification de pro affaiblit la corrélation qui a été depuis longtemps observée entre la présence de traits grammaticaux phonétiquement réalisés et la présence de pronoms vides (voir section 2.1.).

L'analyse que TULLER développe dans son troisième chapitre nous semble la plus intéressante parce qu'elle inclut dans une analyse de l'identification de pro similaire à celle de RIZZI l'intuition que l'objet manquant de la préposition est autorisé par cette préposition mais que son contenu référentiel est identifié, par ailleurs, par un élément topicalisé, un peu comme dans la première hypothèse explorée par ZRIBI-HERTZ.

TULLER insère son approche dans une théorie plus étendue visant à rendre compte de faits variés dans différentes langues, mais surtout en hausa. Il apparaît que certains arguments nuls du hausa se comparent dans leurs comportements à l'argument nul qu'on retrouve dans les constructions avec prépositions orphelines. À la suite de RIZZI (1986a), TULLER prétend qu'une occurrence de pro est toujours autorisée par une tête lexicale et que les langues varient selon les têtes qu'elles acceptent pour autoriser pro. Donc, en français, les prépositions font partie des têtes qui peuvent autoriser pro.[40]

En ce qui concerne l'identification des traits grammaticaux de pro, son raisonnement est le suivant: pro peut être identifié par un élément autre que celui qui autorise seulement si cet élément n'est pas nominal ou n'est pas un « identifieur » possible (cf. TULLER 1986:378 pour une présentation détaillée). Dans le cas qui nous intéresse, pro est autorisé par un élément non nominal, soit une préposition, il devra donc être identifié par ailleurs. L'identifieur, selon TULLER, est un topique soit lexical soit nul. On aura donc des configurations comme:

(117) a. [$_{TOP}$ cette valise$_j$] [je voyage toujours avec pro$_j$]

　　b. [$_{TOP}$ e$_j$] [Pierre a bavé dessus pro$_j$]

Cette approche a l'avantage d'établir un lien étroit entre ces constructions et celles, très similaires, qui comprennent une stratégie résomptive dans certaines phrases relatives du français dialectal. Ce lien avait été noté dans ZRIBI-HERTZ (1984).

(118) a. Voici la maison$_i$ que Marie est passé devant e$_i$.

　　b. La fille$_i$ que je connais bien le gars qui sort avec e$_i$.

Généralement, l'identification de pro objet d'une préposition ne se fait pas dans le domaine local (i.e. à proximité) de pro alors que cela est le plus souvent possible avec un pronom lexical dont la référence est [+ humaine].

(119) Pierre$_i$ a ordonné de tirer $\left\{\begin{array}{l}\text{sur lui}_i.\\ \text{* dessus } pro_i.\end{array}\right\}$

Lorsque la référence n'est pas « humaine », même un pronom lexical est inacceptable.

(120)　* Le Coran$_i$ dit qu'on devrait prier $\left\{\begin{array}{l}\text{avec lui}_i.\\ \text{avec } pro_i.\end{array}\right\}$

À la suite de ZRIBI-HERTZ, TULLER note certaines exceptions à ces faits:

1- quand le référent est [+ humain] et que l'objet de la préposition est un lieu non distinct de ce référent;

2- quand le référent est [− humain] et que l'objet de la préposition exprime un lieu.

Les exemples respectifs sont donnés en (121) et (122).

(121)　Jean$_i$ préfère porter le bébé devant e$_i$.

(122) a. La table$_i$ avait des tabourets tout autour e$_i$.

　　b. La maison$_i$ avait un potager derrière e$_i$ et une cour devant e$_i$.

Ces faits sont traités comme exceptionnels par TULLER qui suppose que les prépositions orphelines de (121) et (122) n'ont pas d'objet structural mais plutôt une valeur adverbiale, comme l'analyse traditionnelle le suggère.

Pour résumer l'analyse de TULLER (1986), on remarquera que, dans la construction qui nous intéresse, pro est autorisé par la tête prépositionnelle et identifié par un élément topicalisé qui peut être soit lexical, soit vide, un peu comme dans une stratégie résomptive. Cela permet de capturer l'intuition sousjacente à l'analyse de ZRIBI-HERTZ en termes de variable, sans les problèmes que cette analyse rencontre en ce qui a trait aux violations de la sousjacence.

VINET (1984:223) note:

« Si l'on peut croire, à première vue, à un phénomène d'emprunt syntaxique à l'anglais en observant [ces] phrases, une analyse plus approfondie révèle qu'il n'en est rien. Après examen de plusieurs phrases impliquant cette construction, il devient évident que cette partie de la grammaire de [ce dialecte] est organisée d'une façon très différente de la grammaire de l'anglais. »

Le premier argument à cet effet provient du fait que les traductions anglaises littérales des phrases suivantes sont agrammaticales.

(123) a.   J'ai voté pour.
          * *I voted for.*

    b.   Le plombier, je veux pas rester toute seule avec.
          * *The plumber, I don't want to stay alone with.*

    c.   Parler avec a toujours été difficile.
          * *Talking with has always been difficult.*

    d.   C'est-tu avec qu'elle est déjà sortie?
          * *Is it with that she has previously gone out?*

Inversement, les phrases anglaises suivantes sont inacceptables en français ou même en québécois.

(124) a.   *Which candidate have you voted for?*
          * Quel candidat as-tu voté pour?

    b.   *I am looking for someone to talk to.*
          * Je cherche quelqu'un pour parler avec.

    c.   *This bed has obviously been slept in.*
          * Ce lit a évidemment été couché dedans.

Il s'avère donc plus profitable de chercher une explication au phénomène des prépositions orphelines à l'intérieur de la grammaire du français, comme l'on fait ZRIBI-HERTZ (1984) et TULLER (1986), plutôt que d'avoir recours à l'hypothèse de l'emprunt.

2.4.4. Conclusion

Les exemples du type étudié dans cette section abondent. BENINCÀ (1984) examine la postposition du sujet en ladin, considérée comme une influence de l'allemand, pour conclure que cette construction n'est pas un emprunt mais, au contraire, un archaïsme syntaxique propre aux langues romanes, qui ne s'est conservé que dans l'aire ladine.

En fait, les véritables emprunts syntaxiques sont probablement extrêmement rares; par contre, la composante lexicale, elle, semble plus sujette à l'influence des langues et dialectes avoisinants.

Quoi qu'il en soit, lorsqu'on considère une langue ou un dialecte comme un système grammatical dont les règles sont internalisées par les locuteurs, la notion d'emprunt perd toute valeur puisque lors de l'acquisition de ce système les constructions syntaxiques ne sont pas présentées à l'enfant accompagnées de telles étiquettes. Même sur le plan lexical de la grammaire, le fait que des mots comme *redingote* (*riding coat*) et *paquebot* (*packing-boat*) soient des anglicismes ne fait pas partie du savoir conscient des francophones et il est douteux qu'ils aient jamais représenté une menace pour la qualité du français.

2.5. De l'acquisition des sujets nuls

Dans les sections précédentes, nous avons démontré que la propriété des arguments nuls, et plus particulièrement celle du sujet nul, peut être expliquée par l'existence de la catégorie vide pronominale pro pouvant être autorisée dans n'importe quelle position-θ ou comme sujet explétif (à cause du principe de projection étendu). L'existence même de pro découle évidemment de la théorie du liage, comme c'est le cas des types de NP en général, qu'ils soient lexicaux ou vides.

Ce qui précède constitue la partie universelle de l'analyse; les langues ne peuvent pas varier à ce niveau de l'explication. Il ne peut donc pas être vrai qu'une grammaire ait, par exemple, accès à pro alors qu'une autre pas. La variation entre les langues doit se produire à un niveau différent. Qu'en est-il alors de pro? Un paramètre intervient-il dans la variation observée entre langues à sujet nul et langues sans sujet nul? Nous avons proposé qu'un tel paramètre existe et que, peu importe sa forme exacte, la responsabilité de cette variation lui appartient.

Nous empruntons maintenant une approche différente qui n'implique pas un paramètre de haut niveau.[41] Pour mieux comprendre notre hypothèse, il suffit de considérer les autres catégories vides dont l'existence est prédite par la théorie du liage, et en particulier PRO. Comme nous l'avons vu à plusieurs reprises, PRO apparaît comme sujet des phrases infinitives, ainsi:

(125) a. Je veux [*PRO* voir Marie].

     b. *I want* [PRO *to see Marie*].

Voilà la position « normale » de PRO découlant de l'interaction entre la théorie du liage, celle du gouvernement et le principe de projection étendu. La première spécifie la composition des traits de PRO qui, en tant qu'anaphore pronominale, ne peut qu'apparaître dans des positions non gouvernées, de façon à éviter le cul-de-sac qu'entraînerait l'application simultanée des conditions A et B du liage. La théorie du gouvernement indique que la position sujet dans une phrase infinitive est non gouvernée puisqu'il n'y a pas de gouverneur potentiel (probablement [+ Temps]). Finalement, le principe de projection étendu exige une position sujet pour toute proposition, qu'elle soit tensée ou non et que le sujet soit thématique ou pas. Ces trois faits peuvent converger dans une grammaire particulière et fournir la possibilité d'utiliser PRO comme sujet d'une proposition infinitive.

Un paramètre intervient-il pour donner à une grammaire particulière G l'option d'utiliser PRO et fixer cette option comme étant propre à G? À notre connaissance un tel paramètre n'a jamais été proposé. Voilà ce qui en est de l'autorisation de PRO; pour ce qui est de sa récupérabilité, la grammaire universelle a recours à la théorie du contrôle afin de déterminer, selon le verbe de la phrase matrice, que PRO dans l'exemple particulier de (125) a la même référence que le sujet *je*.[42] Encore là, il n'est pas question de contrôle paramétrisé dans la documentation sur le sujet.

Pour l'acquisition du langage, tout ce qui doit être déterminé c'est si la grammaire cible renferme des positions argumentales non gouvernées; si oui, l'utilisation de PRO est possible, sinon, PRO demeure inutilisable.

Revenons maintenant à une des questions posées par RIZZI (1986a) à l'égard de la différence qui peut (ou doit) exister entre les différentes catégories vides (voir la sous-section 2.1.3.). Ce qui l'intéresse, c'est de démontrer que l'autorisation et la récupérabilité de pro doivent être des résultats de deux processus distincts et suivre ainsi le patron fixé par la grammaire universelle pour les autres catégories vides.

Poussons l'analogie plus loin en remettant en question l'existence d'un paramètre pour rendre l'utilisation de pro possible puisque les autres catégories vides ne demandent pas de tels paramètres. L'absence d'un paramètre pour le sujet nul implique qu'il devrait exister des langues qui ont:

1- des arguments nuls pour certaines positions syntaxiques mais pas pour d'autres;
2- des arguments nuls seulement dans certaines circonstances à l'intérieur d'un même paradigme.

Les langues appartenant à la classe décrite par la première prédiction abondent; le français en est un exemple puisque les arguments nuls n'apparaissent librement que comme sujets et objets directs et indirects, mais pas comme objet d'un N à l'intérieur d'un NP comme cela est possible en arabe ou en hébreu (voir (77)).

BORER (1986b) étudie à fond un cas illustrant la deuxième prédiction. Il est démontré, à partir des exemples de (126), qu'en hébreu moderne les sujets nuls ne se rencontrent pas du tout au présent, et qu'aux temps futur et passé seules les 1re et 2e personnes les permettent.

(126) Hébreu moderne (BORER 1986b:392)

    a.   *'Ani 'axalti   'et ha-tapu'ax.*
          je manger(PAS)-1s ACC la pomme
          'J'ai mangé la pomme.'

    b.   *'Axalti 'et ha-tapu'ax.*

    c.   *Hu 'axal   'et ha tapua'ax.*
          il manger(PAS)-3s
          'Il a mangé la pomme.'

    d. * *'Axal 'et ha-tapu'ax.*

    e.   *'Ani/'ata/hu 'oxel   'et hatapu'ax.*
          je/tu/il manger(PRES)

    f. * *'Oxel 'et ha-tapu'ax.*

Si un seul paramètre est responsable des sujets nuls, on ne voit pas très bien pourquoi une telle variation devrait exister, tout simplement parce que l'approche paramétrique, dans ce cas particulier, permet « tout ou rien », ce qui n'accorde pas le jeu nécessaire pour rendre compte des données de (126). Donc, nous endossons l'approche paramétrique mais, dans ce cas-ci, elle ne nous semble pas justifiée. L'analyse des arguments nuls proposée ici et selon laquelle il n'existe pas un (seul) paramètre qui en soit responsable touche directement les études sur l'acquisition de ces arguments nuls qui, elles, fondent décisivement leurs analyses des données sur l'existence d'un tel paramètre.

Supposons que ce paramètre est réel; alors deux possibilités se présentent: le paramètre peut être réglé de façon que le sujet nul soit la valeur non marquée ou, inversement, de façon que ce soit le sujet lexical obligatoire qui possède cette valeur. Cette décision doit être prise à la lumière de la vérification empirique de chacune des deux hypothèses.

Suivant la première, un enfant apprenant sa langue supposerait que celle-ci en est une à sujet nul même si cela n'est pas exact. On s'attend à assister à un stade de développement où l'enfant parlera, disons l'anglais, mais avec des sujets nuls, « à l'italienne ».[43] Cet état de fait se corrigera par la suite d'après les données positives indiquant à l'enfant que la grammaire de l'anglais ne comporte pas de sujets nuls.[44]

Suivant la deuxième hypothèse, les enfants présument que la grammaire cible n'intègre pas les sujets nuls, mais ceux-ci émergeront au contact de propositions tensées n'incluant pas de sujet lexical. Ainsi, l'enfant apprenant l'anglais ne devrait pas présumer l'existence des sujets nuls et, par conséquent, ne traversera pas le stade admis par la première hypothèse.

Étant donné le problème logique de l'acquisition du langage, WHITE (1983) croit que la deuxième hypothèse doit être adoptée, que le paramètre aura, en gros, la forme suivante:

(127) Paramètre du sujet nul

  a. Réglage non marqué:
     La grammaire cible ne comporte pas de sujets nuls.

  b. Réglage marqué:
     La grammaire cible comporte des sujets nuls.

HYAMS (1986; 1987) conteste cette approche en se basant sur le fait que les enfants apprenant l'anglais traversent, vers 3 ans, un stade de développement caractérisé par une utilisation facultative des sujets lexicaux dans les phrases non impératives:[45]

(128) BLOOM et al. (1975)

  a. *Want   go   get   it.*
     vouloir aller chercher le

  b. *Ride   truck.*
     conduire camion

  c. *See   under   there.*
     voir dessous là

La seule façon de rendre compte de ce stade consiste à supposer que le paramètre du sujet nul implique les réglages inverses de ceux donnés par WHITE (1983) en (127). On aurait donc plutôt:

(129) Paramètre du sujet nul

    a. Réglage non marqué:
       La grammaire cible comporte des sujets nuls.

    b. Réglage marqué:
       La grammaire cible ne comporte pas de sujets nuls.

L'enfant part donc du principe que sa grammaire accepte les sujets nuls. Il ou elle révisera cette position, selon HYAMS (1987), une fois exposé à certaines données positives comportant des caractéristiques qui se trouvent en contradiction directe avec la propriété du sujet nul.

Le contact avec des phrases comportant des pronoms explétifs lexicaux sera suffisant pour déclencher un réajustement dans le réglage du paramètre puisque, toujours selon HYAMS, les langues à sujet nul ont comme propriété l'absence complète de tels pronoms. Autrement dit, l'existence de pronoms explétifs lexicaux contredit l'hypothèse non marquée que la langue en est une qui accepte les sujets nuls et force ainsi un changement du réglage du paramètre (129) vers la valeur marquée.

Cette analyse de HYAMS comporte plusieurs défauts dont deux concernent la couverture empirique qu'elle permet. Son approche prédit que tout enfant doit passer par un stade où sa grammaire accuse un manque de sujets lexicaux. Par contre, HULK (1986a) a étudié 4000 énoncés contenant une forme verbale produits par de petits francophones âgés de 2 à 4 ans et a déterminé qu'un sujet pronominal est rarement omis (ou absent), (10% des cas), et que le pronom explétif *il* est le plus souvent présent.

Deux directions peuvent donc être prises pour contrer cette apparente contradiction entre les faits et la prédiction. On pourrait supposer que l'analyse est fausse et la rejeter en raison de ce problème empirique. Par contre, on peut aussi présumer que les données de HULK (1986a) sont en accord avec notre analyse du français qui considère cette langue comme une langue à sujet nul où les sujets sont récupérés par les clitiques sujets. Dans les termes de HYAMS, le français conserverait le réglage non marqué du paramètre du sujet nul, et ce, tout au cours de son acquisition par les enfants.[46]

Mais il y a d'autres défauts dans cette analyse. Considérons par exemple l'affirmation de HYAMS, fondée sur des travaux antérieurs, selon laquelle les langues à sujet nul n'ont pas de pronoms explétifs lexicaux. Cette affirmation s'écroule dès qu'on considère les données du français et de certains dialectes de l'Italie septentrionale qui, s'ils sont à sujet nul, n'en comportent pas moins des pronoms explétifs lexicaux (cf. RENZI et VANELLI 1982). Si on maintient qu'ils ne sont pas des idiomes à sujet nul, alors les données de l'acquisition de français de HULK (1986a) redeviennent inexpliquées.

DAVIS (1987) souligne un autre problème empirique, à savoir pourquoi les enfants apprenant l'anglais ignorent, pour un certain temps, les données qui suffisent à déclencher un réajustement du paramètre. Ce problème mériterait une étude différente, mais le fait qu'il soulève n'en demeure pas moins énigmatique. La solution de DAVIS (1987), qu'il appuie sur une autre caractéristique des données de l'acquisition, consiste à supposer qu'au stade de développement en question (celui traité par HYAMS) les structures phrastiques ne sont pas entièrement articulées. En d'autres termes, l'enfant ne ferait que combiner deux ou trois mots sans les organiser dans des structures syntaxiques parce qu'il ou elle n'a pas calqué les relations casuelles et thématiques sur des relations structurales. Le stade du sujet manquant serait donc pré-syntaxique.

Nous sommes en désaccord avec cette conclusion puisqu'elle est contredite par les données de HULK (1986a); le même stade de développement semble inclure des structures syntaxiques reflétant des relations casuelles et thématiques.

Pour récapituler, si un paramètre du sujet nul existe, il devra être vrai que l'hypothèse de WHITE (1983) à l'égard de son réglage (i.e. celui de (127)) est la bonne et que le problème soulevé par HYAMS demeure inexpliqué. Prenons donc une autre direction et essayons de déterminer ce qu'il advient des données de l'acquisition si le paramètre du sujet nul n'existe pas.

Évidemment, la première conséquence de cette approche serait d'éliminer le problème du stade du sujet manquant dans l'acquisition de l'anglais puisque celui-ci n'est un problème que pour le réglage du paramètre. Néanmoins, cette politique de l'autruche n'est probablement pas souhaitable parce qu'elle ne fait qu'ignorer le problème sans le régler. Nous continuons donc d'admettre que notre approche déplace le problème et ne fait que signaler, ce qui est primordial ici, que le stade du sujet manquant peut probablement recevoir une explication indépendante du paramètre du sujet nul (qui n'existe pas).

Cette explication indépendante s'appuie sur l'inexactitude d'une autre affirmation, qu'on accepte généralement sans la remettre en question, relative à l'absence en anglais de sujets nuls. Cela est évidemment vrai des phrases tensées, mais tout à fait faux lorsqu'on considère les phrases infinitives. Ainsi, même si les phrases de (130) sont agrammaticales en anglais, celles de (131) ne sont en fait acceptables que si le sujet n'est pas réalisé lexicalement.

(130) a. * *Leaves tomorrow.*
           part demain

      b.   *She leaves tomorrow.*
           'Elle part demain.'

      c. * *Got a problem.*
           ai un problème

      d.   *I got a problem.*
           'J'ai un problème.'

(131) a.   *I tried to leave.*
           'J'ai essayé de partir.'

      b. * *I tried Bill to leave.*

      c.   *I hope to be there at 3.*
           'J'espère y être à 3 h.'

d. * *I hope John to be there at 3.*

En plus de l'absence de marques de temps, le verbe non tensé anglais, comme celui de la plupart des langues, n'a pas de marques d'accord; il ne se conjugue tout simplement pas.

DAVIS (1987) démontre qu'il n'y a aucune raison de croire qu'au stade en question les enfants ont maîtrisé le système inflexionnel anglais, à l'exception peut-être de la terminaison *-ing*, transparente phonologiquement. Pour l'enfant, les verbes ne semblent donc pas fléchis, c'est-à-dire qu'ils n'ont pas de marques morphologiques de temps et d'accord. En ce sens, ils ressemblent beaucoup aux verbes infinitifs. Ceci n'est pas surprenant étant donné que l'anglais a un système de désinences verbales qui n'est que très peu développé.

Nous croyons donc qu'au stade en question ici, la majeure partie des phrases produites par l'enfant sont infinitives et, donc, qu'elles induisent naturellement une absence de sujet lexical. Ce stade n'évoluera que lorsque le système inflexionnel sera reconnu et maîtrisé. En d'autres termes, nous sommes d'accord avec DAVIS (1987) et HYAMS et JAEGGLI (1987) qui suggèrent que la grammaire de l'enfant à ce stade comporte des sujets nuls comme ceux qu'on retrouve en chinois ou en japonais. Nous n'entrerons pas dans les détails de l'analyse par manque d'espace mais, avant de terminer ce chapitre, nous voulons discuter au moins deux problèmes soulevés par cette analyse.

Premièrement, il faut expliquer pourquoi un sujet lexical peut quand même être présent à ce stade; si le verbe est infinitif, on prévoit qu'un sujet lexical ne peut pas apparaître du tout. Notons par contre qu'en anglais il est possible de générer un sujet lexical dans une phrase infinitive. C'est le cas quand le verbe de la phrase matrice est un « marqueur de Cas exceptionnel » (*exceptional case-marking verb*); ces constructions sont étudiées dans des langues diverses par MASSAM (1985).

(132) *Bill believes [John to have   left].*
       croit   avoir parti
       'Bill croit que John est parti.'

Il n'est donc pas impossible de croire que la possibilité de générer un sujet lexical dans une phrase infinitive se généralise dans la grammaire de ce stade pour ainsi permettre la présence facultative d'un sujet lexical.[47]

La deuxième question a trait à comment il se fait que l'enfant dont la grammaire cible est le français ne connaît pas un tel stade de développement. Dans nos termes, la question touche à l'absence de (sur-)généralisation du modèle infinitif chez les enfants francophones. Deux éléments de réponse peuvent être avancés. Premièrement, la distinction morphologique entre le verbe infinitif et le verbe conjugué est beaucoup plus transparente en français qu'elle ne l'est en anglais. La fusion des deux formes en une seule semble donc peu vraisemblable. Deuxièmement, le français n'offre pas la possibilité d'assigner un Cas exceptionnellement au sujet lexical d'une phrase infinitive. Il y a donc à ce chapitre une autre différence majeure entre la phrase infinitive et la phrase tensée en français. Cette différence est plus ténue en anglais.

Nous avons donc suggéré que les données de l'acquisition de l'anglais ayant trait au stade du sujet manquant ne doivent pas être attribuées à un réglage particulier du paramètre du sujet nul. Nous avons démontré par la suite que ce stade peut être attribué à des caractéristiques de l'anglais qui n'ont rien à voir avec le paramètre du sujet nul puisque nous avons remis en question l'existence même d'un tel paramètre.

NOTES

[1] Ce chapitre s'appuie sur les travaux de ROBERGE (1986a; 1986b; 1987) et ROBERGE et VINET (1987) dans lesquels les données dialectales ne sont que brièvement abordées. La plupart de nos données sont nouvelles.

[2] On trouvera une discussion détaillée de ces faits dans HUANG (1982; 1984).

[3] La seule façon de rendre cette phrase grammaticale en anglais consiste à en éliminer le complémenteur.
(i) *Who did you say t left?*
    qui as-tu dit est parti
Le français évite ces situations par la morphologie du complémenteur *que* qui devient *qui* lorsqu'il est utilisé dans les contextes d'extraction du sujet.
(ii) Qui as-tu dit qui *t* est venu?

[4] Le PRO sujet pré-verbal dans une construction à inversion libre serait, selon CHOMSKY (1981), pléonastique comme *il* en français dans:
(i) Il y a un homme dans le jardin.

[5] BORER (1987) va même plus loin en présentant une théorie des catégories vides qui élimine PRO même dans les infinitives. Cette approche est fondée sur les valeurs que peut prendre l'élément AGR de INFL dans différents types de phrases, dans différentes langues.

[6] D'autres analyses, comme celles de HUANG (1982; 1984) et de JAEGGLI (1982), seront abordées dans diverses sections du présent volume.

[7] On trouvera des analyses détaillées de ces phrases surtout pour le français, l'italien et l'anglais dans AUTHIER (1988), BOUCHARD (1987), RIZZI (1986a), ROBERGE (1988), WILLIAMS (1987).

[8] Cf. entre autres MANDET (1840:2).

[9] Les autres, le castillan, le sicilien et le wallon, formèrent les bases pour le développement de l'espagnol, de l'italien et des dialectes de la France septentrionale.

[10] Cf. CAMPROUX (1958:509). MANDET (1840) s'intéresse aussi aux invasions arabe et sarrasine et à leurs influences possibles sur la forme de la langue provençale.

[11] Olszyna-MARZYS (1964:9) indique qu'à Savièse, à cette époque, le dialecte demeurait la langue d'usage des habitants de plus de 20 ans.

[12] Il existe un autre dialecte du franco-provençal qu'il serait probablement utile d'examiner à cause de toutes les influences auxquelles il peut être exposé; il s'agit du valdôtain, parlé dans la vallée d'Aoste. Ce territoire est privilégié géographiquement et linguistiquement puisqu'il borde la France et la Suisse tout en appartenant politiquement à l'Italie avec, au sud, le Piémont. KELLER (1958) base toute sa très brève section sur la syntaxe valdôtaine sur la « pénétration » piémontaise. Malheureusement, ce texte est le seul dont nous disposions et ne contient pas assez de données.

[13] Cf. BRANDI et CORDIN (1981), BRACO *et al.* (1985), RIZZI (1986b), SAFIR (1985), ROBERGE (1986a; 1986b).

[14] Cf. l'excellente étude de RENZI et VANELLI (1982), et aussi MARAZZINI (1984), CLIVIO et QUEIRAZZA (1978), TOMASINI (1955).

[15] Le terme « rhéto-roman » est souvent utilisé pour désigner ce groupe mais, selon GREGOR (1975:20), la Rhétie n'a jamais englobé le territoire du Frioul.

[16] Nos informations sur ces trois dialectes proviennent respectivement de CONWELL et JUILLAND (1963), NAAMAN (1979) et MANESSY et WALD (1984). Ces derniers supposent qu'il existe assez de propriétés communes aux différents « français » parlés en Afrique noire pour justifier l'appellation « français d'Afrique noire ». Cette affirmation pourrait être examinée plus à fond mais nous ne la remettrons pas en question ici.

[17] Cf. LANLY (1962:10).

[18] Il n'y a évidemment pas qu'un dialecte du français en Amérique du Nord mais notre étude s'appuie surtout sur le québécois. Nous ne parlerons que très peu des autres dialectes: louisianais, acadien, français de Terre-Neuve (KING 1983; 1985).

[19] BOURCIEZ (1930:684) note toutefois que l'ellipse de *nous* et *vous* se retrouve jusqu'à la fin du XVIᵉ siècle, ce qui n'est pas surprenant puisque les désinences verbales à ces personnes demeurent très développées et régulières. Que cette possibilité n'existe plus dans la langue moderne semble vouloir appuyer les analyses qui attribuent la perte des sujets nuls en français à d'autres facteurs.

[20] Cette analyse est avancée par NYROP (1925:212), BOURCIEZ (1930: 684), EWERT (1943); cf. aussi MOIGNET (1965) et FOULET (1935).

[21] MEYER-LÜBKE (1900:795) exprime bien cette approche dans sa grammaire des langues romanes.

> « En latin, le pronom était exprimé quand le verbe ne venait qu'après coup mais qu'on voulait déjà indiquer le sujet, en d'autres termes quand l'ordre logique, en vertu duquel on plaçait dans des circonstances déterminées le sujet en tête, entrait en conflit avec l'ordre grammatical, qui plaçait le verbe à la fin: ainsi *nos jam ad triduum pervener- amus* [...]. Or l'habitude de placer le pronom au début de la proposition quand le verbe ne venait que plus tard se développant toujours davantage, peu à peu ce pronom perdit de sa plénitude de tonalité; mais il a néanmoins persisté lorsque, conformément à l'ordre roman des mots, le verbe recevait la seconde place dans la proposition: ainsi de *nós jam ad triduum pervenerámus*, on arrive à *nós pervenerámus* et dès lors tout naturellement à *nos-pervenerámus*. »

ADAMS (1987) défend une analyse similaire dans le cadre du gouvernement et du liage.

[22] Des clitiques objets peuvent intervenir entre le verbe et le clitique sujet, mais cela ne constitue pas un contre-exemple à (23) étant donné le statut d'affixe verbal des clitiques objets. Les constituants accentués sont représentés par des majuscules; il s'agit évidemment de l'accent d'insistance.

[23] Cf. ROUVERET et VERGNAUD (1980) et QUICOLI (1980) pour les analyses transformationnelles, et STROZER (1976) et RIVAS (1977) pour des analyses non transformationnelles.

[24] Ceci est d'autant plus surprenant que le romanche (sursilvain) a conservé une ancienne marque casuelle sur les adjectifs et les participes passés qu'aucune autre langue romane n'a à notre connaissance maintenue. Il s'agit, selon LIVER (1982:25), d'une « survivance du nominatif singulier latin ». Un adjectif dans sa fonction attributive est marqué d'un -s au masculin singulier (i); ceci n'est pas le cas dans la fonction épithète (ii).

(i)a. *Il cavagl ei vegls.*
    'Le cheval est vieux.'
  b. *Il cudisch ei buns.*
    'Le livre est bon.'

(ii)a. *In cavagl vegl.*
    'Un vieux cheval.'
  b. *Il bien cudisch.*
    'Le bon livre.'

Le participe passé reçoit aussi cette marque (BEC 1971:328):

(iii) *El ei vinius.*
    'Il est venu.'

Il en va de même de l'adjectif utilisé en causative.

(iv) *Nuot sa far el malmunds.*
    rien sait faire le sale
    'Rien ne peut le rendre sale.'

Cette particularité pourrait être utilisée comme preuve de l'existence de propositions réduites (*small clause*). En effet, ce -*s* se retrouve dans les contextes où on analyse souvent la phrase comme comportant une telle petite proposition.

(v)a. ∅ est [$_{pr}$ le cheval vieux]

   b. ∅ est [$_{pr}$ il vieux]

   c. le$_i$-rendre [$_{pr}$ pro$_i$ sale]

Nous ne pouvons pas entrer ici dans les détails de l'analyse qui nous vient à l'esprit, mais on pourrait croire que les propositions réduites de (v) renferment un INFL dégénéré d'où proviendrait l'accord entre le sujet et l'adjectif ou participe passé. Autrement, on pourrait simplement supposer qu'on a affaire ici à un type de prédication qui produit un coïndice, ce qui résulte en un accord entre l'argument et son prédicat (cf. ROBERGE 1989 et VINET 1988b pour une discussion plus détaillée).

[25] DURAND (1932:98) note que « les pronoms [...] se suppriment habituellement comme sujets devant un verbe. La désinence verbale suffit en, général, à désigner la personne, *ame* ('j'aime'), *canton*, ('ils chantent'). »

[26] Cette possibilité semble aussi exister en roumain si on en croit les exemples que donne MEYER-LÜBKE (1900:440).

(i)a. *Isusu lu connais.*
   Jésus le connais
   'Je connais Jésus.'

   b. *Pămîntul l'au împărtit lor.*
   terre l'a partagée leur
   'Il leur a partagé la terre.'

   c. *Tûlile mi le- ai prădat.*
   brebis me les as prises
   'Tu m'as pris les brebis.'

[27] RONJAT (1937:589) précise toutefois qu'en provençal le participe passé avec *avoir* s'accorde avec l'objet si celui-ci le précède. Autrement, il n'y a pas d'accord:

(i)a. *Ai carga lou capèu.*
   ai mis le chapeau

   b. *Ai carga la vèsto.*
   ai mis la veste

Le gévaudanais diffère donc du provençal et du français à cet égard.

[28] Des cas de redoublement similaires existent dans d'autres constructions, mais il n'est pas évident que dans les exemples ci-dessous le pronom clitique ne soit pas simplement un pronom résomptif (de rappel).

(i)a. *Un cop i abiô un souldat que lou rei l'abiô licenciat.*
   une fois y avait un soldat que le roi l'avait licencié
   'Il y avait une fois un soldat que le roi avait licencié.'

   b. *Restabo lou pastet que sa maire l' abiô prou recoumendat de lou laissa.*
   restait le pâté que sa mère lui avait beaucoup recommandé de le laisser
   'Il restait le pâté que sa mère lui avait fortement recommandé de laisser.'

[29] Le français présente cet ordre lorsque l'objet indirect est à la 3e personne.

(i)a. *Lou li pren.*
   le lui prend
   'Il le lui prend.'

   b. * Il lui le prend.

[30] Notons que le québécois conserve cet ordre dans les impératives.

[31] Il existe des variantes de ces formes dont nous ne discutons pas car elles sont pour la plupart motivées par les contextes phonologiques.

[32] Suivant le même type de raisonnement, RIZZI (1986b) suppose que les clitiques sujets du français et ceux des dialectes de l'Italie septentrionale sont intrinsèquement différents. Nous n'acceptons pas cette conclusion et nos travaux sont fondés sur le principe que les clitiques sujets sont définis en grammaire universelle et que peu de différences existent entre les grammaires particulières à cet égard.

[33] Ainsi, dans les dialectes de la Louisiane et dans ceux de certains pays d'Afrique noire, il est possible de doubler le sujet du pronom démonstratif *ça* qui devient ainsi un explétif (indéfini). Ce phénomène paraît énigmatique puisqu'il semble aller à l'encontre de l'intuition qu'on a quant au redoublement du sujet, où le pronom sert en fait de flexion verbale marquant l'accord avec le sujet (voir la section 2.3.). Le redoublement, dans ces dialectes, se fait aussi avec des pronoms clitiques personnels.

(i) Louisianais (CONWELL et JUILLAND 1963)

    a. Vous-autres ça battent pas. (p.185.)

    b. Mon vieux grand-père c'est un allemand. (p.188.)

    c. Elle c'était une savoie. (p.189.)

(ii) Togo (MANESSY et WALD 1984)

    a. *Deux l'homme c'est vini.* (p.32.)
      'Deux hommes sont venus.'

    b. *Mon enfant i s'appelle Kouassi, c'est pitit pitit.* (p.32.)

    c. *Moi c'est pas connais nom lui.* (p.32.)
      'Je ne connais pas son nom.'

    d. *Lui c'est travaillé trois heures de temps.* (p.36.)

[34] Pour le québécois, voir en particulier LAURENDEAU *et al.* (1982) et CARROLL (1982). Pour le pied-noir, voir BACRI (1983) et LANLY (1962).

[35] GOLDBERG (1977) produit ses données en alphabet phonétique. Nous ne faisons que les reproduire comme elles sont.

[36] Certaines des langues qui se trouvent dans ce tableau ne font pas l'objet de discussions dans le présent volume.

[37] Cf. aussi ASHBY (1977) et HULK (1986b; 1986c).

[38] LANLY (1962:215) remarque:

    « Certes cet ordre est assez courant dans le français populaire de la métropole: mais en Afrique il est pour ainsi dire de règle et il nous semble que l'arabe a pu en favoriser l'implantation et la généralisation. »

Encore là, cette hypothèse ne peut être défendue puisque dans certains dialectes de l'Italie septentrionale le redoublement est aussi obligatoire (voir la sous-section 2.2.1.3.).

[39] C'est nous qui traduisons. Les termes S' et S correspondent à CP et IP respectivement dans la version actuelle de la théorie.

[40] Selon RIZZI (1986a), V en serait une autre. Il a de plus été proposé ici et ailleurs que INFL en français peut autoriser pro s'il contient un clitique sujet. TULLER suppose de plus que certaines têtes nominales (N) peuvent servir à l'autorisation de pro. Ce sont celles qui ont une nature prépositionnelle comme *à l'intérieur*, *à l'extérieur*, *à côté*, etc.

[41] C'est-à-dire que, si un paramètre existe, celui-ci est plutôt sans grande importance théorique et de contenu trivial.

[42] Certains croient que cela est malheureux et que la théorie du contrôle devrait être remplacée par quelque chose de plus général. Plusieurs possibilités existent qui sont explorées principalement dans BOUCHARD (1984), MANZINI (1983a; 1983b) et BORER (1987).

[43] LEBEAUX (1987) crée le terme anglais *italianized* pour désigner la même réalité.

[44] Nous verrons plus loin dans ce chapitre que cette affirmation n'est pas tout à fait exacte et que l'anglais permet des sujets nuls dans certaines constructions.

[45] L'existence de ce stade est un fait bien documenté; cf. entre autres GRUBER (1967), MENYUK (1969) et BLOOM (1970).

[46] Précisons que HYAMS affirme que le français n'est pas une langue à sujet nul.

[47] Cette analyse implique, comme le prétend DAVIS (1987), que la théorie des cas n'est pas complètement maîtrisée.

3
Propriétés de l'adjonction

3.0. Introduction

L'objet de ce chapitre est l'étude approfondie d'une structure dialectale composée d'une proposition infinitive hypothétique, adjointe à une forme de proposition consécutive présentant un verbe au conditionnel. Ces constructions sont courantes dans la langue orale du Québec (FQ) et elles sont prononcées avec une forte pause entre l'adjointe et la matrice :

(1) a. Avoir su, j'aurais téléphoné avant.

   b. Ah! Avoir plus d'instruction, ...je pourrais parler mieux que ça. [1]

(2) a. Jean sortir sa vieille Plymouth, là on aurait du fun.

   b. Le frigidaire tomber en panne, on aurait-tu d'l'air fin ?

L'étude syntaxique et sémantique de cette construction se situe dans le cadre plus général des nombreuses études sur les structures adjointes et leurs propriétés dans la grammaire. Ces recherches ont connu un essor et une attention soutenue ces dernières années. L'adjonction a été l'objet d'analyses intéressantes dans le cadre de la théorie du gouvernement et du liage (théorie GB) développée par CHOMSKY (1981; 1982; 1986b) et d'autres auteurs. Le développement de ces analyses a permis de mieux dégager la régularité, en quelque sorte, de cette construction dialectale qui peut sembler, à première vue, marginale et même exceptionnelle dans la grammaire.

Il faut préciser que cette structure n'a jamais été répertoriée dans les grammaires traditionnelles. À notre connaissance, elle n'a jamais été relevée non plus dans les manuels de stylistique ou les manuels de « bon parler français ». Son usage dans la langue orale n'a par conséquent pas fait l'objet d'une censure organisée et cette absence de norme officielle peut expliquer qu'elle soit toujours prononcée très librement par des locuteurs natifs de milieux sociaux très variés. On considère en général que les formes en (1) sont plus courantes que celles en (2), qui présentent un sujet lexical dans la proposition infinitive. Il s'agit là, cependant, d'une variante possible dans une telle proposition adjointe, comme nous le verrons plus bas.

Ces constructions hypothétiques existent très certainement dans les grammaires d'autres langues ou dialectes, mais aucun document, aucune étude linguistique, n'en ont témoigné jusqu'ici. Nous avons appris, toutefois, que l'équivalent de la forme en (1), avec un sujet vide référentiel, est possible dans une variété dialectale de l'Italie du Nord :

(3) *Averci pensato prima, non l'avrei certo detto.* [2]
   'Y avoir pensé avant, je n'aurais pas dit ça.'

Puisque ces formes n'ont jamais été attestées non plus dans un état antérieur de la langue, il est plausible qu'il s'agisse ici d'une innovation syntaxique propre au français parlé du Canada[3] (cf. CORBETT 1985). Une certaine prudence nous empêche cependant de prendre une position ferme sur cette question que nous laissons ouverte.

Notre but, à travers l'étude de cette construction adjointe, n'est pas uniquement de montrer comment la grammaire de cette variation dialectale se distingue de celle du français standard. Nous cherchons avant tout à expliquer de quelle façon les diverses caractéristiques de cette structure, quant à l'adjonction et à différentes sous-théories telles que la théorie du contrôle et du liage, le gouvernement et l'assignation des Cas, entre autres, permettent de rendre compte d'une régularité dans la théorie de la grammaire. Cette régularité sur laquelle nous insistons, c'est celle qui permet d'expliquer l'acquisition du langage et les nombreuses restrictions auxquelles ce savoir est soumis pour pouvoir se développer. Le fait que ce sont, en général, les mêmes caractéristiques qui se retrouvent dans d'autres constructions adjointes, telles que les gérondives ou les petites propositions absolues introduites par un adverbe (cf. section 3.2.), vient appuyer cette hypothèse de l'existence de principes généraux communs.

En ce sens, nous tenterons de montrer que ces faits en (1) et (2) ne s'inscrivent pas sous la rubrique des phénomènes « marqués », mais obéissent plutôt aux principes et modules de la grammaire universelle. En d'autres termes, il s'agit de répondre aux questions suivantes:

— Quelles sont les propriétés distributionnelles de ces constructions?

— Quels principes de la grammaire universelle déterminent ces propriétés?

Ce chapitre contient cinq sections. La première présente les propriétés de cette construction dialectale peu connue en montrant comment elle se distingue d'autres structures semblables, notamment en français standard. La deuxième section a plutôt pour but de faire des rapprochements avec certaines structures gérondives et des petites propositions absolues à valeur aspectuelle. On observe en effet des caractéristiques communes aux trois constructions.

La troisième section présente une analyse formelle de ces structures dans la grammaire. La structure sousjacente proposée pour cette construction est celle où le IP, représentant la construction infinitive hypothétique, gérondive ou absolue, est adjoint au VP supérieur et se trouve donc dans une position non argumentale. On y étudie également certaines restrictions générales sur l'adjonction de ces propositions au nœud CP. Le principe proposé rejoint dans les grandes lignes celui de CHOMSKY (1986b) suivant lequel l'analyse de l'adjonction est reliée à la théorie-θ.

Dans la quatrième partie, nous analysons l'argument externe lexical dans ces adjointes en montrant comment la théorie des Cas abstraits peut déterminer s'il s'agit d'un Cas structural ou d'un Cas inhérent, dans ces trois constructions où un pronom clitique Nominatif est impossible. Enfin, dans la dernière section, nous abordons la question épineuse des relations de contrôle.

3.1. Propriétés et distribution des adjointes hypothétiques infinitives

Afin de familiariser le lecteur avec ces constructions hypothétiques, nous présentons ci-dessous une liste d'exemples variés déjà lus ou entendus:

(4) a. Savoir qu'il me tromperait, je le quitterais.

b. Les enfants s'en aller là-bas, elle tomberait malade.

c. Avoir connu c'temps-là, tu parlerais pas de même.

d. S'être sentis coupables de quelque chose, nous[4] n'aurions sûrement pas placé le chevreuil sur le toit d'une voiture afin de le transporter jusqu'à Montréal. (« Le chevreuil de Lafleur »; *Le Journal de Montréal*, 15 mars 1983.)

e. Avoir su ça, je serais pas venu pantoute.

f. Faire beau, nous finirions (DULONG 1952).

g. Traverser le pont, je les verrais peut-être (VILLIARD 1984).

h. Pas être capable de bouger, qui c'est qui se plaindrait pas?

i. Être venu quelqu'un pour pousser le char, on se serait sorti de d'là ben plus vite.

j. Regarder jusque dans le fond du tiroir, il le trouverait peut-être ben.

Il est important de constater qu'il n'existe pas de contrainte sur le choix du matériel lexical qui peut apparaître dans la proposition matrice ou adjointe. Si certaines formes sont exclues, il s'agit toujours d'une violation de principes plus généraux dans la grammaire, comme on pourra l'observer plus loin. Le contraste suivant entre l'italien standard, par exemple, et ce français dialectal, montre plutôt que nous avons en italien une structure topicalisée où le verbe *dormire* est sélectionné par le verbe de la matrice:[5]

(5) a. *Dormire, Gianni vorebbe.*

b. * 'Dormir, Jean souhaiterait.'

Les structures hypothétiques à l'étude ne correspondent aucunement à des arguments du verbe de la matrice, comme l'indique clairement l'inacceptabilité de (5b). En fait, l'une des principales caractéristiques de cette construction est qu'elle n'apparaît jamais dans une position argumentale. (* *Nous pensions s'être sentis coupables de quelque chose, nous n'aurions sûrement pas placé le chevreuil sur le toit d'une voiture.*)

On observe aussi l'impossibilité d'utiliser certaines formes avec des verbes dont la grille thématique n'assigne pas le rôle d'Agent à la position sujet, tels les verbes psychologiques ou le verbe *recevoir* lorsqu'ils apparaissent dans la matrice:

(6) a. * e_i Sortir du cinéma plus tôt, le film ennuierait Marie$_i$.

b. * e_i Être plus attentive, ce livre plairait à Jeanne$_i$.

c. * e_i Devoir lire un livre, Jean$_i$ recevrait un roman.

Nous verrons que l'inacceptabilité de ce type de construction s'explique plutôt par des contraintes sur la symétrie des relations de contrôle (cf. section 3.5.).

3.1.1. Une position COMP vide

Il est important de préciser de prime abord que les données ici se distinguent des structures où l'on peut déplacer un constituant de INFL, et plus particulièrement un auxiliaire, dans la position COMP (complémenteur). Ces structures sont plus fréquentes en portugais (ROUVERET 1980; RAPOSO 1987a) et en italien, notamment. RIZZI (1982:83) note en effet que, dans différentes structures adjointes ou enchâssées de l'italien standard, une règle de déplacement de INFL dans COMP (Aux-to-COMP, dans sa terminologie) peut s'appliquer, permettant à l'auxiliaire *avoir* ou *être* de précéder le NP sujet. Un exemple de ce type de structure serait le suivant, où la suite NP-AUX-participe passé est difficilement acceptable:

(7) a. * (?) *Mario avendo accettato di aiutarci, potremo risolvere il problema.*
        'Mario ayant accepté de nous aider, nous pourrons résoudre le problème.'

   b.   *Avendo Mario accettato di aiutarci, potremo...*

La grammaire des constructions adjointes du français à l'étude ne permet pas de tels déplacements, comme on peut le constater ci-dessous:

(8) a.   Jean s'être senti coupable, elle s'en serait aperçu.

   b. * S'être Jean senti coupable, ...

   c.   Marie avoir su ça, elle aurait téléphoné ben avant.

   d. * Avoir Marie su ça, ...

Aussi, nous éliminons de notre analyse toute tentative d'explication en ces termes, puisque le spécifieur de CP est, au contraire, toujours vide dans ces constructions. En effet, aucun élément-WH ne peut y apparaître. Ces structures constituent des îlots et la présence d'un complémenteur ou d'une préposition rend la phrase agrammaticale:

(9) a.   (*De) savoir qu'il me tromperait, je le quitterais.

   b.   (*À) avoir plus d'instruction, je pourrais parler mieux que ça.

(10) a.   Ne pas inviter cette personne, tout le monde serait embarrassé.[6]

    b. * Qui ne pas inviter, tout le monde serait embarrassé?

3.1.2 Structures adjointes introduites par une préposition

Certes, le français standard permet des structures adjointes infinitives introduites par *à* qui reçoivent une interprétation temporelle ou hypothétique:

(11) a. À vaincre sans péril, on triomphe sans gloire.

   b. À raconter ses maux, souvent on les soulage.

Toutefois, dans ce type de construction, la présence d'un sujet lexical dans l'adjointe est exclue et il n'existe pas de restriction particulière sur le Temps dans la matrice. Une forme de proposition adjointe, introduite par *à*, qui se rapprocherait le plus de nos structures, serait la suivante (LE BIDOIS et LE BIDOIS 1971:684):

(12) Le gouvernement direct...aurait encore, peut-être, *à s'exercer*, une certaine suite.

Le Temps dans la matrice est ici au conditionnel et la catégorie vide en position sujet dans l'adjointe se réfère au sujet de la matrice. La présence de cette préposition-complémenteur, cependant, empêche l'apparition d'un sujet lexical dans la proposition infinitive (cf. * à Jean s'exercer...). Par ailleurs, la mobilité de la proposition adjointe en (12) se distingue des constructions que nous étudions en ce que la proposition adjointe apparaît toujours à gauche de la matrice, comme le montrent les exemples en (4).

On note également que les propositions infinitives adjointes non introduites par une préposition sont possibles en français standard, mais elles sont toujours reprises par un pronom de rappel (ce ou cela) dans la matrice et il n'existe pas de restriction obligatoire sur le Temps. On peut donc avancer qu'en français standard, contrairement aux faits observés dans cette variété dialectale (FQ), les propositions infinitives hypothétiques adjointes sont obligatoirement coïndicées à une position argumentale, le pronom de rappel dans la position sujet de la matrice:[7]

(13) a. [Partir pour l'Amérique]$_i$, ça$_i$ prend du courage.

b. [La France battre le Brésil]$_i$, c'$_i$ était étonnant.

Rappelons que, selon CHOMSKY (1981), le constituant INFL s'analyse suivant la forme suivante:

(14) INFL → [± Temps, ± AGR]

Le trait [+ Temps] peut prendre les traits [± Passé]. On sait par ailleurs que les structures infinitives ne sont pas des structures indépendantes. Elles apparaissent toujours dans des positions enchâssées ou adjointes. Si, dans la grammaire du français, on les retrouve en isolation syntaxique (Partir pour l'Italie, quelle chance!) ou dans l'interrogation (Que faire?), il s'agit toujours, dans ces cas, d'une forme où le temps prend une valeur [− réalisé]. À la suite de STOWELL (1982), qui a étudié les infinitives de l'anglais, nous posons que les infinitives en français sont également marquées du trait [+ Temps, − AGR], mais n'ont pas les traits [± Passé]. La non-autonomie des propositions infinitives s'exprime alors sous la forme d'une relation de dépendance avec les traits [+ Temps, + AGR] dans le constituant INFL de la matrice (cf. sous-section 3.3.3.).

3.2. Des structures adjointes similaires

Dans cette section, nous présentons d'autres structures adjointes non enchâssées. Celles-ci partagent plusieurs des caractéristiques des constructions hypothétiques adjointes étudiées en 3.1. ci-dessus, et plus particulièrement l'absence de complémenteur et la possibilité d'avoir un sujet lexical ou une catégorie vide.

3.2.1. Gérondives

Les constructions gérondives ayant un sens causal apparaissent toujours en position non argumentale. Elles appartiennent au français standard et leurs propriétés sont celles qui se rapprochent le plus de celles des adjointes hypothétiques. Ces constructions sont du type suivant:

(15) a. Étant américain, il pourra comprendre facilement.

    b. Ayant gagné le premier prix, Jean était heureux.

    c. Marie ayant perdu sa montre, tout le monde était occupé à la chercher.

    d. Gilles étant parti tôt, elle était déçue.

Nous remarquons la possibilité de coréférence avec le sujet de la matrice en (15a et b) et la présence d'un sujet lexical dans la proposition adjointe (15c et d). De la même façon que pour les adjointes infinitives hypothétiques, ces structures ne sont possibles qu'en position non argumentale:

(16) a. * [Marie ayant perdu sa montre] serait terrible.

    b. * Je veux [Marie ayant perdu sa montre].

(17) a. * [Le frigidaire tomber en panne] serait ridicule.

    b. * Il n'est pas content de [Jean sortir la Plymouth].

Par contre, les structures introduites par *en* (*En ronflant aussi fort, ...*) ne permettent pas la double possibilité de la catégorie vide ou du sujet lexical. Nous avons déjà observé le même phénomène avec les structures adjointes infinitives introduites par la préposition-complémenteur *à* en (11). On peut en déduire que *en* s'apparente à une catégorie syntaxique du même groupe que *bien que* et *quoique*, qui ne permettent pas non plus l'alternance entre un sujet lexical et un sujet vide:

(18) a. En *e* ronflant aussi fort, il réveille tout le monde.

    b. Bien qu'*e* ayant connu Marie, il ne se souvenait plus d'elle.

    c. Quoiqu'*e* étant jeune, elle réussit quand même très bien.

Des structures de ce type nous permettent de remettre en question l'analyse proposée dans VINET (1985a) suivant laquelle un élément abstrait identifié par G', présent dans INFL et correspondant à une forme verbale infinitive ou en *-ant*, assignait un Cas nominatif dans de telles constructions adjointes (cf. également la discussion en 3.4.). Il nous semble plutôt que, lorsque la tête du nœud CP ou la position précédant IP est lexicalement remplie par ces éléments introducteurs de proposition (*en*, *bien que*, *quoique*, etc.), un sujet lexical est impossible. Cependant, nous ne comprenons pas très bien pourquoi les formes suivantes seraient exclues lorsqu'un sujet lexical est présent:

(19) a. En (*Jean) ronflant aussi fort, les enfants étaient tous inquiets.

    b. Bien que (*Marie) ayant connu cet élève, elle ne lui parlait pas.

    c. Quoique (*Jean) étant jeune, il réussissait très bien.

Ces éléments, qui occupent la position précédant IP, possèdent des propriétés différentes du *to* anglais, qui peut être identifié à INFL (cf. CHOMSKY 1981:20).[8]

Les gérondives n'exigent pas une restriction particulière sur le Temps de la proposition principale de la même façon que pour les constructions hypothétiques en FQ, mais le constituant INFL de la matrice doit au moins être marqué des traits [+ Temps,

+ AGR]. Nous posons que la structure adjointe gérondive est également reliée à la matrice par l'intermédiaire du nœud INFL.

3.2.2. Petites propositions adjointes absolues

Les petites propositions adjointes absolues en (20) partagent plusieurs des caractéristiques des structures adjointes gérondives et infinitives. Cette construction présente cependant les propriétés d'une petite proposition dans la mesure où le verbe copule ou aucune autre forme verbale tensée ou infinitive n'est jamais présent en surface:

(20) a. Une fois Jean dans le couloir, il a vu le prof.

b. Aussitôt e_i arrivés, ils$_i$ se sont mis à chanter.

c. À peine Marie présentable, ils ont ouvert la porte.

Ces structures adjointes présentent malgré tout plusieurs des principales caractéristiques des constructions non enchâssées qui nous préoccupent. On y trouve la double possibilité du sujet lexical ou de la catégorie vide et elles apparaissent toujours en position non argumentale:

(21) a. * [Une fois Marie partie] serait dommage.

b. * Je voudrais [aussitôt arrivé].

Nous assumons[9], pour ces formes en (20), une structure sousjacente où la tête de la petite proposition est un INFL$_o$ marqué des traits [− Temps, − AGR] qui ne peut avoir que des compléments de type AP, PP, NP ou un VP participial.[10] L'adverbe aspectuel qui introduit la petite proposition est adjoint à IP. Il peut aussi être lexicalement vide avec certaines expressions (*le soir venu*, *réflexion faite*, etc.). Les propriétés sémantiques de cette classe d'adverbe (vide ou lexicalement rempli) introduisant cette petite proposition rendraient compte de certaines restrictions lexicales observées.[11] L'impossibilité de rencontrer les exemples suivants nous permet de le constater:

(22) a. * Une fois Jean vers la gare, elle est arrivée.

b. * À peine Marie avec insouciance,...

c. * Aussitôt Sacha intelligent,...

d. * Une fois Jean dormi,...

e. * À peine la viande crue,...

f. (*Dès) Jean dans la maison,...

Nous observons, à la suite de l'analyse de RAPOPORT (1987), qu'il s'agit de constructions prédicatives puisqu'elles partagent des propriétés communes avec ces phrases copulatives (* *Jean est vers la gare*, * *Marie est avec insouciance*). On remarque que seules sont possibles les formes participiales de verbes ergatifs ou passifs, c'est-à-dire des verbes qui n'assignent pas de rôle-θ à la position d'argument externe, d'où l'exclusion de formes telles que (22d) ou (22e). Par ailleurs, l'absence de formes verbales, tensées ou non tensées, de même que l'absence de formes clitiques apportent un soutien additionnel à notre analyse suivant laquelle il s'agit ici d'une petite proposition où INFL porte les traits [− Temps, − AGR] (cf. VINET 1989 pour une analyse plus détaillée):

(23) a. * Une fois il rentré,...

    b. * Aussitôt Marie partir,...

    c. * À peine les enfants rentreront,...

Ces petites propositions en (20) se distinguent des petites propositions enchâssées qui reçoivent un rôle-θ du verbe de la matrice et qui ne peuvent par conséquent pas être déplacées comme les adjoints:

(24) a. Tout le monde considère [Julie intelligente].

    b. * Julie intelligente, tout le monde considère.

    c. Les enfants ont vu [Marie nue].

    d. * Marie nue, les enfants ont vu.

Elles se distinguent également d'autres constructions absolues adjointes, introduites par une préposition, mais qui ne permettent pas l'alternance catégorie vide–sujet lexical:

(25) a. Avec $\left\{\begin{array}{l}\text{Jean} \\ \text{*pro}\end{array}\right\}$ dans l'orchestre, tout ira bien.

    b. Sans $\left\{\begin{array}{l}\text{Marie} \\ \text{*pro}\end{array}\right\}$ pour aider, on n'y arrivera jamais.

En (25), en effet, la préposition doit gouverner un NP lexical. Ces structures absolues introduites par un adverbe présentent par ailleurs une restriction générale sur le Temps puisque l'adjointe énonce toujours une antériorité par rapport au Temps exprimé dans la matrice.

Aussi, nous en déduisons que les propositions gérondives en (15), tout comme les petites propositions absolues en (20), présentent plusieurs caractéristiques communes aux structures adjointes infinitives du FQ. Dans les trois cas, l'absence de complémenteur permet une alternance entre un sujet lexical et un sujet vide. Ces structures ne sont donc pas des projections maximales de CP, elles constituent plutôt des structures IP.

3.3. Propositions adjointes, gouvernement et critère-θ

Dans cette section, nous présentons une analyse pour les propositions adjointes. On sait que les adjoints ont en général la propriété d'être déplacés assez librement dans la phrase (cf. LASNIK et SAITO 1984:260):

(26) a. Louis est parti pour cette raison.

    b. Pour cette raison, Louis est parti.

Les propositions adjointes à l'étude ont également la propriété de se déplacer assez librement dans la phrase, mais elles possèdent toutes, en plus, la caractéristique de ne pas recevoir de rôle-θ du verbe de la matrice. En ce sens, elles se rapprocheraient plus des formes parenthétiques, sans en avoir cependant toutes les caractéristiques.

Aussi, nous avançons que les propositions adjointes, en structure-D, se rattachent au nœud VP (et non au V' interne). Selon CHOMSKY (1986b), les projections résultant de l'adjonction, tel le VP supérieur dans la configuration (27), ne constituent pas des domaines de confinement (des barrières) pour le gouvernement d'une catégorie adjointe à l'intérieur de ce VP, c'est-à-dire le constituant [IP] de la configuration (27):

(27)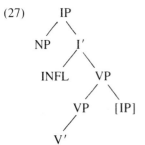

Ces propositions adjointes sous [IP] ne sont pas gouvernées par une tête lexicale, elles sont plutôt gouvernées par le nœud INFL de la matrice et elles ne sont pas engendrées en position argumentale. Rappelons que suivant la définition du critère-θ, les adjoints ne sont pas des arguments (cf. CHOMSKY 1981).[12]

3.3.1. Position des structures adverbiales IP[13]

BALTIN (1982) a proposé une théorie générale pour les règles de mouvement dans la grammaire (*landing site theory*): ces déplacements s'effectueraient vers la périphérie de VP, IP ou CP. Il a également montré que les structures adverbiales pouvaient se déplacer dans toutes les positions possibles dressées dans l'inventaire. Il indique aussi que certaines restrictions peuvent être liées aux grammaires particulières. Il propose les règles en (28) afin de rendre compte des différents déplacements d'adverbiaux qu'il identifie à des groupes prépositionnels (PP).

(28) a. Déplacer PP (BALTIN 1982)

    b. S' → COMP S (PP)

Ces règles lui permettent de rendre compte des structures suivantes:

(29) a. *J would like that because he's such a nice guy.*
      'J aimerait ça parce qu'il est un gars si gentil.'

    b. *J, because he's such a nice guy, would like that.*

    c. *Because he's such a nice guy, J would like that.*

    d. *J would, because he's such a nice guy, like that.*

    e. *Because he's such a nice guy, what would J like?*

Les structures adjointes mentionnées plus haut obéissent aux mêmes règles en ce qui concerne les déplacements possibles dans les différentes positions de l'inventaire puisque ces structures peuvent apparaître à la périphérie de VP, IP ou CP:

(30) a.   Jean se sentait rassuré, ayant reçu plusieurs lettres.

b.   J, ayant reçu plusieurs lettres, se sentait rassuré.

c.   Ayant déjà invité J, qui d'autre voulait-il inviter?

d.   Marie, une fois partie, regrettait sa décision.

e.   ?* Marie a, une fois partie, regretté sa décision.[14]

La seule restriction observée porte sur les phrases hypothétiques de la variété dialectale FQ qui peuvent difficilement être adjointes à la droite. Elles doivent être obligatoirement déplacées et cette restriction pourrait être attribuée au contenu sémantique de la proposition adjointe:

(31) a.   ? Il serait ben content, partir pour la France.

b.   ? Je serais pas venu, avoir su.

Contrairement aux structures en (29) cependant, nous identifions ces propositions comme des structures IP puisqu'elles ne peuvent jamais être précédées d'une préposition ou d'un complémenteur lexical. Suivant les règles de déplacement proposées en (28) et réadaptées à nos constructions, nous obtenons la règle suivante:

(32) a.   Déplacer IP

b.   ...VP $_{IP}$[NP $_{I'}$[INFL XP]]

3.3.2. Adjonction à CP

On remarque que si ces propositions IP peuvent être adjointes à CP lorsque la proposition matrice est introduite par un élément-WH, elles doivent par contre être adjointes à IP lorsqu'elles sont engendrées en position enchâssée. L'impossibilité de retrouver des constructions comme les suivantes le montre:

(33) a.   * Je me demandais pourquoi, ayant reçu plusieurs lettres, qui voulait se sentir plus rassuré?

b.   * Je ne savais pas en quelles circonstances, une fois partie, avec qui Marie avait-elle pu chanter?

De prime abord, on pourrait supposer que ces agrammaticalités sont liées au fait que la position du spécifieur de CP est remplie par deux éléments-WH, entraînant de plus une violation du principe de la catégorie vide (ECP). Ce dernier principe stipule que toute catégorie vide doit être proprement gouvernée (cf. CHOMSKY 1981).[15]

La structure de base en (33) serait approximativement celle présentée en (34) puisque nous ne tenons pas compte, pour l'instant, de la règle *Déplacer IP*:

(34)   Je me demandais pourquoi$_i$ $_{IP}$[ayant...] $_{CP}$[qui $_{IP}$[$_{VP}$[t^2 $_{VP}$[voulait [t^1 [e se sentir ...t_i]]]]]]

Ainsi, *pourquoi* peut se déplacer de la position de base t_i à t^1 pour ensuite s'adjoindre au VP dont la tête est *vouloir*. On constate alors que t_i est proprement gouverné par t^1 et que t^1 est proprement gouverné par t^2, mais t^2 n'est pas proprement gouverné par son antécédent *pourquoi* puisque CP est un domaine de confinement (une barrière) par héritage à partir de IP. L'absence de nœud CP en cette position stratégique donne effectivement une structure grammaticale:

(35) a. Je me demandais pourquoi, ayant reçu plusieurs appels, Jean se sentait rassuré.

   b. Je me demandais $_{CP}$[pourquoi$_i$ $_{IP}$[ayant...] $_{IP}$[Jean $_{VP}$[t^2[voulait [t^1 $_{IP}$[e se sentir... t_i]]]]]]

En (35b), la trace t_i est proprement gouvernée par t^1 qui, à son tour, est proprement gouvernée par t^2. L'antécédent *pourquoi* gouverne alors proprement t^2 puisque IP, étant un système déficient, ne constitue pas une barrière.

Si cette explication s'avère valable pour les exemples du type de (33), elle ne permet cependant pas de rendre compte d'autres phénomènes. Les relations de coréférence particulières à ces constructions (cf. section 3.5.) constituent une autre raison pour ne pas adjoindre ces structures IP à CP lorsque ce nœud est en position enchâssée.

3.3.3. Adjonction et marquage-L

L'adjoint *pourquoi* en (35) est L-marqué.[16] Le marquage-L correspond en quelque sorte à une relation de gouvernement lexical par un verbe. Toutefois, si l'adjoint L-marqué se trouve à droite de la proposition IP, nous obtenons alors des phrases comme les suivantes:

(36) a. Je ne savais pas, une fois parti, qui Jean avait pu inviter?

   b. Je me demandais, ayant reçu plusieurs appels à la bombe, pourquoi personne ne s'inquiétait?

Nous trouvons en (36a) une lecture qui peut être ambiguë pour certains, car celui qui *est parti* peut référer soit à *je*, soit à *Jean*. Il nous semble que la lecture où la référence s'établit avec *Jean* n'est possible que si l'on trouve une forte pause entre la matrice et l'adjoint. Cette pause, lorsqu'elle est possible, montrerait que l'élément-WH n'est plus L-marqué par le verbe de la matrice. On remarque par contre en (36b) une lecture non ambiguë.

De façon identique, nous pensons que la difficulté à interpréter les phrases (37) recevrait la même explication, c'est-à-dire le fait que l'on puisse difficilement adjoindre IP à CP lorsque le spécifieur de CP est L-marqué:

(37) a. *? Il est facile de dire, ayant déjà eu huit enfants, qu'elle n'en voulait plus d'autres.

   b. * Il semble vraisemblable, une fois construite, que la maison se soit effondrée.

Dans ces dernières phrases, on ne peut trouver un antécédent valide dans la matrice, même s'il s'agit d'un argument implicite.

Afin de rendre compte de ces phénomènes, nous proposons la restriction minimale suivante dans la grammaire du français:

(38) Les constructions IP ne peuvent être déplacées à la périphérie de CP que si ce nœud CP n'est pas L-marqué.[17]

Ce principe a l'avantage d'être généralisé à d'autres structures topicalisées dans certaines grammaires du français. Ainsi, il s'applique aux NP topicalisés du français en (39) où un NP topicalisé peut être adjoint aussi bien à un CP qu'à un IP, contrairement à ce que l'on observe pour l'anglais en (40) (exemples de HIGGINS 1973, cité dans BALTIN 1982):

(39) a. Ce livre, à qui tu as donné, dis-moi?[18]

    b. À qui, ce livre, tu as donné, dis-moi?

    c. Les hommes à qui les livres tu as donnés...

(40) a. * The book to whom did you give?

    b. * To whom the book did you give?

BALTIN (1982:19) avance que si l'on peut trouver un déplacement-WH au-delà d'une structure topicalisée, comme en (41), cela serait lié au fait que la grammaire de ce locuteur possède CP (S' dans sa terminologie) en tant que nœud cyclique:

(41) He's a man to whom liberty we could never grant.
    'Il est un homme à qui la liberté nous ne pourrions jamais accorder.'

Selon ROCHEMONT (1988), bien qu'il soit juste de dire que les éléments topicalisés et les syntagmes-WH ne sont pas en distribution complémentaire, on ne peut pas toutefois maintenir cet argument en s'appuyant sur l'exemple (41).[19] De plus, l'explication de BALTIN (1982), selon laquelle la sousjacence serait responsable de la variation des jugements, est mise en doute. Cet auteur propose plutôt une condition sur les îlots topiques (TIC) qui prend la forme suivante:

(41) β ne peut être déplacé vers SPEC,CP dans la configuration $[_{CP}...[_{IP} \alpha [_{IP} ...\beta...]]]$

Bien que cette condition s'applique pour les faits de l'anglais (topicalisation) et de l'italien (*clitic left dislocation*), on convient de la non-applicabilité de celle-ci en français, en raison des exemples du type de (39).

Nous estimons toutefois que le principe (38) ajouté à la règle *Déplacer IP* à la périphérie de VP, IP et CP sont satisfaisants pour notre propos. Comme l'indique le principe (38), les structures adjointes à CP ne peuvent pas être enchâssées, qu'il s'agisse d'extraction-WH (topicalisation) ou de déplacement d'adverbial. Pour ceux qui acceptent (39), les phrases suivantes sont jugées beaucoup moins naturelles:

(43) a. ?* Je ne sais pas ce livre à qui tu as offert.

    b. ?* Je voudrais savoir à Jacques quelles lettres tu as données.

    c. * Je me demande à Jean, s'ils (lui) ont présenté Pierre.

3.3.4. Des AP et des PP topicalisés en français pied-noir

Il existe, par ailleurs, des structures AP et PP topicalisées dans une variété de français communément appelée français pied-noir ou français pataouète (FPN). En voici des exemples, tirés de BACRI (1983):[20]

(44) a. Tranquille j'étais sur un banc...

b. Dans de beaux draps j'aurais été.

c. À la rue encore elle serait comme une pierre.

d. Les saints, comme les chiens on les traite. Dans des niches ils sont.

Ces structures topicalisées peuvent être adjointes à un CP, de façon marginale cependant:

(45) a. Dans de beaux draps qui c'est qui aurait été, hein?

    b. Dans la m..., qui c'est qui serait, tiens?

Ces mêmes cas ne se rencontrent toutefois pas lorsque le spécifieur de CP est L-marqué, comme dans l'exemple suivant:

(46)   * Je ne savais pas dans de beaux draps, qui c'est qui aurait été?

Tous ces faits viennent appuyer la validité du principe énoncé en (38), qui se révèle suffisant pour expliquer les restrictions observées en français quant au marquage-L du nœud CP.

3.3.5. Gouvernement

Nous avons vu plus haut (cf. (27)) que la structure sousjacente pour ces constructions adjointes est celle où le IP est adjoint au VP supérieur. Un argument qui vient appuyer cette hypothèse est la présence de trous parasites qui créent des effets de connectivité (cf. KAYNE 1984) ou de chemins (cf. PESETSKY 1982) dans certaines de ces constructions.[21] Le trou parasite doit alors apparaître dans une *bonne* position, c'est-à-dire une position où sa projection peut être reliée à celle du premier trou (KAYNE 1984), comme le montre l'exemple agrammatical (47c). Pour une analyse également pertinente des trous parasites et de leur effet dans des constructions parallèles (effet ATB), voir entre autres HAÏK (1985) et GOODALL (1984).

(47) a.   Ce sont des amis$_i$ que, *e* ayant déjà invités e_i une fois, je ne réinviterai plus e_i.

    b.   Ça c'est un gars$_i$ que, *e* pouvoir embrasser e_i rien qu'une fois, Marie inviterait e_i n'importe quand (FQ).

    c. * La ville$_i$ que quitter e_i rapidement ayant été difficile, Jean a refusé de visiter e_i.

Puisque le trou parasite de (47c), ...*quitter* e$_i$ *rapidement ayant été difficile*..., se trouve sur le branchement gauche, la phrase est rejetée. La seule position acceptable dans cette analyse est le branchement droit, comme en (47a et b).

On remarque de plus que ces propositions ne se retrouvent pas en position d'argument externe ou d'argument interne:

(48) a. * [Ayant perdu la clef] serait difficile.

    b. * [Paul partir seul pour l'Italie] m'ennuierait.

(49) a. * Jean a avoué [ayant visité l'Amérique].

    b. * J'aimerais bien [Paul et moi partir pour l'Italie].

Aussi, afin de rendre compte du lien entre l'adjointe et la matrice, lien qui ne peut s'exprimer par la théorie-θ ou la théorie des Cas,[22] nous suggérons que ces propositions soient coïndicées au nœud INFL [+ Temps, + AGR] de la matrice et gouvernées par ce même nœud INFL.

On constate aisément que le gouvernement est un élément-pivot dans la théorie du gouvernement et du liage. On le retrouve en effet dans presque toutes les sous-théories (théorie des Cas, théorie-θ, théorie du contrôle, théorie du liage, etc.). Le choix du nœud INFL pour gouverner la proposition adjointe s'explique de la façon suivante. Étant donné que ces propositions adjointes ne reçoivent pas de rôle-θ, le nœud INFL apparaît l'élément qui peut le mieux opérer le lien avec la matrice. On sait que le nœud INFL est différent des autres gouverneurs, en ce sens qu'il ne percole pas ses traits de catégorisation aux projections plus élevées. On remarque de plus qu'il est toujours invariablement un nœud-frère de VP (INFL' → INFL VP), une relation qui n'est pas caractéristique de la sous-catégorisation. Si INFL ne sélectionne pas d'argument, il peut plus librement gouverner une proposition adjointe qui n'est pas un argument. Par ailleurs, nous pensons que cette relation entre INFL et la proposition adjointe pourrait expliquer, d'une certaine façon que nous ne développerons pas ici, les contraintes temporelles qui peuvent s'exercer dans ces constructions.

3.4. Argument externe lexical dans ces adjointes

L'analyse de l'argument externe de type lexical dans ces propositions adjointes ne se présente pas de façon évidente dans le cadre de la théorie des Cas de CHOMSKY (1986a). Nous étudions ces caractéristiques de façon plus détaillée ci-dessous.

3.4.1. Assignation du Cas

Ces propositions admettent un NP lexical en position d'argument externe, mais on ne sait pas encore très bien cependant, quel Cas doit être assigné à ce groupe nominal:

(50) a. Jacques sortir sa Plymouth, là on aurait du fun.

b. Jean ayant déjà parlé, Marie se sentait plus à l'aise.

c. Une fois Marie partie, Jean est entré.

On sait que la position sujet d'une proposition tensée reçoit en général, du moins selon CHOMSKY (1981; 1986a), le Cas nominatif de INFL ou d'un verbe tensé. Toutefois, ce Cas est totalement exclu ici puisque le pronom nominatif, qui est morphologiquement marqué en français, ne peut jamais apparaître dans cette position:

(51) a. * Il sortir sa Plymouth,...

b. * Tu ayant déjà parlé,...

c. * Une fois je partie,...

On pourrait également ajouter que ces propositions (51) ont en commun l'absence de verbes tensés et que l'impossibilité de trouver des pronoms clitiques sujets pourrait être liée à l'absence du trait [+ AGR] sous INFL, là où sont généralement engendrés les clitiques (cf. VINET 1985a et section 3.3.). REULAND (1983), dans son analyse des constructions gérondives anglaises, cite l'exemple des nominatives absolues qui présentent une distribution semblable aux gérondives adjointes du français:

(52) *Roddy tried to avoid Elaine, he being a confirmed bachelor.*
      'Roddy a tenté d'éviter Elaine, *il* étant un célibataire notoire.'

REULAND (1983) admet cependant que le Cas nominatif peut être remplacé par le Cas objectif pour certains locuteurs mais qu'il ne s'agit pas d'une hypercorrection. Cet auteur cite également JESPERSEN (1940 et 1961), qui mentionne que les constructions nominatives absolues se sont formées à partir des constructions datives absolues, après la perte de l'inflexion dative. Il existe également en italien des constructions absolues, avec des formes verbales ergatives, qui permettent le Cas nominatif. BELLETTI (1981) en fournit des exemples:

(53) *Arrivata io (*me), Gianni se ne e' andato.*
      arrivée je (moi), Jean s'en est allé

Ce n'est pas là toutefois la situation générale puisque les verbes transitifs qui peuvent apparaître dans ces constructions, en italien, ne permettent pas le Cas nominatif. On observe au contraire une forme accusative:

(54) *Conosciuta me (*io), Gianni e' cambiato del tutto.*
      connue moi (*je), Jean a beaucoup changé

Par ailleurs, l'étude de ELISEU (1986) montre que, dans la grammaire du portugais, seul le Cas nominatif est possible dans les constructions participiales absolues. Ces propriétés des constructions nominatives de l'anglais, de l'italien et du portugais forment donc un contraste très net avec les faits du français dans ces constructions adjointes observées en (51), où la forme nominative du pronom est totalement exclue.

3.4.2. Théorie des Cas abstraits

Rappelons que, suivant la théorie des Cas abstraits de CHOMSKY (1981; 1986a), il est possible de distinguer deux types de Cas, les Cas structuraux et les Cas inhérents. Un Cas inhérent est assigné par une tête lexicale (P, N ou A) au NP qu'il gouverne et c'est également cette même tête lexicale qui lui assigne un rôle-θ. L'assignation de ce Cas inhérent ainsi que l'assignation du rôle-θ s'effectuent au niveau de la structure-D. Ceux-ci sont ensuite réalisés au niveau de la structure-S. Le Cas inhérent est associé au rôle-θ alors que le Cas structural ne l'est pas. Les Cas structuraux (nominatif, objectif) se distinguent toutefois des Cas inhérents en ce qu'ils sont assignés indépendamment du rôle-θ. Ainsi, dans les constructions avec marquage de « Cas exceptionnel » un V peut assigner un Cas structural au NP qu'il gouverne, sans toutefois lui assigner un rôle-θ.

Nous excluons de notre étude la possibilité d'un Cas nominatif pour les NP dans les structures de (51), puisque les sujets clitiques ne peuvent apparaître lorsque le nœud

INFL est marqué [± Temps, − AGR] dans la grammaire du français. Nous discutons maintenant deux autres possibilités: un Cas structural accusatif ou un Cas inhérent.

3.4.3. Un Cas structural

Le Cas accusatif est en général assigné par un verbe. Les propositions adjointes en (51) présentent effectivement un verbe, non tensé, et la façon dont ce verbe pourrait assigner un Cas accusatif à sa gauche n'est pas claire. Dans la grammaire du français, l'assignation du Cas par une catégorie lexicale s'effectue à droite, suivant le paramètre de la tête dans la théorie X-barre (X'). De plus, les constructions absolues excluent la présence de formes verbales comme en (23), où on retrouverait un nœud INFL marqué des traits [+ Temps, + AGR].

HORNSTEIN et LIGHTFOOT (1987:32) notent une difficulté identique pour les phrases suivantes de l'anglais qui sont d'ailleurs inacceptables en français si elles ne sont pas reprises par un pronom de rappel (*ce*) dans la matrice:[23]

(55) a. *Her in New York is what we must avoid.*

b. * Elle à New York est ce que nous devons éviter.

c. Elle à New York, c'est ce que nous devons éviter.

(56) a. *Workers angry about pay is a situation to avoid.*

b. * Des travailleurs en colère au sujet de la paye est une situation à éviter.

c. Des travailleurs en colère au sujet de la paye, c'est une situation à éviter.

La source pour la forme accusative du pronom en (55) n'est pas du tout évidente dans ces structures puisqu'il s'agit de petites propositions sans forme verbale et qui ne sont possibles que dans des constructions équationnelles. Une structure équivalente en français est une construction comme la suivante, déjà mentionnée à la sous-section 3.2.1.:

(57) Marie tombant par terre n'est pas un beau spectacle.

Aussi, comme l'assignation d'un Cas structural par un V est impossible dans ces constructions, nous analyserons l'hypothèse d'un Cas inhérent.

3.4.4. Un Cas inhérent

BELLETTI (1988) a montré que les verbes appartenant à la classe des verbes inaccusatifs, au sens de PERLMUTTER (1978), ou ergatifs, au sens de BURZIO (1986), pouvaient assigner un Cas inhérent partitif où ce Cas est lié à un DE (effet défini).[24] Cette idée de Cas partitif pour les sujets-inversés (i-sujets dans la terminologie de BURZIO 1986) s'appuie sur des données du finnois où le verbe *mettre* peut assigner un Cas accusatif lorsque l'objet a la lecture *définie*. Un Cas partitif, morphologiquement marqué dans cette langue, est assigné lorsque la lecture est *indéfinie*.

Les exemples qui illustrent le phénomène avec les verbes ergatifs, en français, sont du type suivant:

(58) a.   Trois femmes sont venues.

     b.   Il est venu trois femmes.

     c. * Il est venu les femmes.

On observe toutefois que, dans les petites propositions absolues, il existe un DE où, cette fois-ci, seuls les NP définis sont acceptables:

(59) a. * Une fois des invités arrivés, elle a décidé de partir.

     b. * Un coup une souris dans la cuisine, on a eu peur.[25]

     c.   Une fois les invités arrivés,...

     d. . Un coup la souris dans la cuisine,...

L'absence de formes indéfinies montre qu'on ne peut opter pour le Cas partitif dans ces constructions.

D'une façon pertinente pour notre propos, BELLETTI (1988) fait remarquer que le Cas partitif ne peut pas être assigné à la position sujet des petites propositions compléments puisque ce Cas ne peut jamais être assigné aux NP qui ne sont pas θ-marqués par le verbe qui assigne le rôle-θ. En italien, les NP sans spécifieur sont assimilés à la classe des NP indéfinis (BELLETTI 1988:27):

(60)   * *Consideravo* $_{SC}$[*studenti intelligenti*]
        considérait   étudiants intelligents

Il faut noter que le phénomène est identique en français, où les NP indéfinis avec un Spec qui est un article indéfini sont exclus en position sujet de la petite proposition:

(61) a. * Je considère des étudiants intelligents.

     b. * J'en$_i$ considère e_i intelligents.

On peut alors considérer que la même restriction se retrouve dans les petites propositions adjointes absolues de (59). Il se pourrait cependant que cette restriction soit plus générale puisque, comme GUÉRON et HOEKSTRA (à paraître) l'observent, le sujet d'un prédicat adjectival ou participial est toujours un défini (**Une chaise est rouge*).

Nous avons démontré jusqu'ici qu'un Cas partitif était exclu dans les constructions absolues introduites par un adverbe. Puisque le Cas nominatif est également exclu, nous posons l'hypothèse qu'il s'agit d'un Cas inhérent dont la nature précise reste à déterminer. Le rôle-θ et le Cas inhérent pourraient être assignés par une préposition abstraite en structure-D, et on pourrait alors avancer la possibilité d'un Cas datif (cf. KAYNE, cours MIT, automne 1986) dans cette position pour les gérondives et les infinitives ou d'un Cas ablatif pour les adjointes absolues, comme dans certaines structures équivalentes en latin (cf. LE BIDOIS et LE BIDOIS 1971:413). La question reste ouverte quant à la démonstration de ces hypothèses.

Le nœud INFL dans ces structures adjointes explique la présence obligatoire d'un sujet, lexical ou vide, mais nous posons que ce sujet ne reçoit pas son Cas de INFL ou de V, comme on l'observe en général. Une autre hypothèse ici serait que ce NP sujet reçoit le Cas accusatif (par défaut).

3.5. Relations de contrôle

Les relations de contrôle dans les structures adjointes non enchâssées ont en général été présentées, dans les grammaires traditionnelles et aussi dans les travaux plus récents[26], comme une relation où la catégorie vide dans l'adjointe réfère obligatoirement (sinon le plus souvent) au sujet de la matrice. Pour cette raison, une phrase comme la suivante est perçue comme déviante par les grammairiens normatifs même si, à la limite, elle est interprétable pour plusieurs locuteurs:[27]

(62)   En pro_i n'achetant pas de billet de loterie, le gros lot risque pas de nous$_i$ arriver.

3.5.1. Configuration de ces structures

Dans une analyse antérieure, VINET (1985b; 1987) proposait que les relations de contrôle entre les pronominaux vides et la position sujet de la matrice n'obéissaient pas à la c-commande, dans ces structures.[28] Cette argumentation s'appuyait essentiellement sur le fait que les deux NP lexicaux pouvaient être coréférents dans un tel contexte:

(63) a.   Jacques$_i$ sortir sa vieille Plymouth, il$_i$ serait donc heureux (FQ).

  b.   Jean$_i$ étant très malade, il$_i$ ne pouvait pas dormir.

  c.   Une fois Marie$_i$ rentrée, elle$_i$ ne voulait plus sortir.

Elle s'appuyait aussi sur une configuration différente de celle proposée ici pour les adjointes. Celles-ci étaient engendrées directement en position adjointe à la droite de IP et non adjointes au VP supérieur de la matrice. Rappelons que la structure (27) proposée dans notre étude pour les adjointes non enchâssées est reprise ici pour faciliter la lecture:

(64)

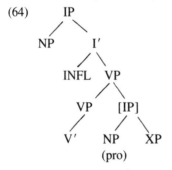

Cette structure permet aussi d'expliquer les relations de contrôle dans les phrases adjointes en position post-verbale:

(65) a.   * Jean a vu Marie$_i$ en pro_i partant.

  b.   Jean$_i$ a vu Marie en pro_i partant.

Le NP objet de la matrice en (65a) ne c-commande pas la catégorie vide dans l'adjointe alors que le NP sujet c-commande cette position. Si on accepte l'hypothèse déjà proposée par plusieurs (MANZINI 1983a; BOUCHARD 1984; BORER 1987; et d'autres) suivant laquelle le contrôle est intimement lié à la théorie du liage, on peut alors expliquer pourquoi le contrôle s'effectue avec le sujet de la matrice et non avec l'objet dans ces structures non enchâssées.

BORER (1987) a avancé en effet, pour des structures similaires de l'anglais, que le contrôle ne doit pas être traité différemment du liage. Les exemples suivants, où *les uns les autres* est interprété comme une anaphore liée (dans sa catégorie gouvernante) et associée au clitique réciproque *se*, illustrent ce phénomène:[29]

(66)   * Les enfants$_i$ se sont disputés parce que [les uns les autres]$_i$ étaient mécontents.

(67) a.   Une fois [les uns les autres]$_i$ d'accord, ils$_i$ se sont partagé le butin.

   b.   * Une fois [les uns les autres]$_i$ d'accord, elle a aidé les enfants$_i$.

(68) a.   Une fois [l'un l'autre]$_i$ debout, [Pierre et Paul]$_i$ se sont serré la main.

   b.   * Une fois [l'un l'autre]$_i$ assis, il a appelé les deux élèves$_i$.

La différence entre (a) et (b) dans les exemples (67) et (68) ci-dessus indique que la condition de connectivité peut être en cause.[30] KAYNE (1984) a étudié la condition de connectivité et a montré comment certains éléments, tels les trous parasites et même les anaphores lexicales, doivent apparaître dans une *bonne* position, c'est-à-dire une position où la projection doit être reliée de façon adéquate. Pour les anaphores, cette condition s'appliquerait sous forme de contrainte sur le lien entre l'anaphore et son antécédent. Nous ne développerons pas cette analyse ici (cf. KAYNE 1984:186-187), mais nous avançons avec BORER (1987) qu'il existe des traits communs entre les phénomènes de contrôle qui opèrent en structure-S et les phénomènes de liage qui s'exercent en Forme Logique (FL).

Cette forme de symétrie dans les relations de contrôle explique également la difficulté à interpréter les constructions suivantes:

(69) a.   * *pro*$_i$ Être plus attentive, le livre plairait à Jeanne$_i$.

   b.   * *pro*$_i$ Sortir du cinéma plus tôt, le film ennuierait beaucoup Jean$_i$.

Les travaux de BELLETTI et RIZZI (1986) sur les verbes « psychologiques » ont montré que la structure profonde de ces verbes ne correspondait pas à leur structure-S puisque l'objet de surface c-commande le sujet de surface. L'agrammaticalité des phrases (69) serait donc liée à une absence de connectivité adéquate entre la catégorie vide et son antécédent, au niveau de la structure-S, là où s'exercent les relations de contrôle.

3.5.2. Nature de la catégorie vide

Nous avons vu à la section 3.4.4. que cette position argumentale ne recevait pas le Cas nominatif mais plutôt un Cas inhérent assigné par une préposition abstraite. CHOMSKY (1986a:193) suggère que le Cas assigné par une préposition est *inhérent*. Ce Cas serait assigné en structure-D et serait toujours associé à un rôle-θ.

Nous postulons que cette catégorie vide en position sujet de la proposition adjointe est un pro qui reçoit un Cas. Nous posons également, à la suite des travaux de RIZZI (1982) et de BORER (1986b; 1987)[31], que le pro référentiel doit toujours être identifié (licencié) dans la grammaire, par les traits nominaux de AGR dans INFL ou par un clitique engendré sous INFL, par exemple.

Nous avons également vu plus haut que le nœud IP adjoint n'est pas gouverné par une tête lexicale, mais plutôt par le nœud INFL de la matrice. Aussi, nous en déduisons que la catégorie vide pro, qui porte une référence définie dans la structure adjointe, sera I-identifiée par les traits nominaux de AGR dans le nœud INFL de la proposition adjointe liée au nœud INFL de la matrice qui le gouverne.

3.5.3. Un pro non référentiel

On accepte de façon générale que les pro non référentiels ou explétifs ne peuvent pas apparaître en position sujet dans des langues à sujet non nul. RIZZI (1982) observe que cette différence entre le français et l'italien, en ce qui a trait aux sujets non référentiels dans les gérondives, serait directement liée au paramètre du sujet vide. Les exemples pertinents sont les suivants:

(70) a. * Ayant plu, on est resté à la maison.

b. *Essendo piovuto, siamo rimasti a casa.*

c. *It having rained, we remained home.*

(71) a. * Étant clair que Jean ne viendra plus, nous pouvons partir.

b. *Essendo chiaro che Gianni non verrà più, possiamo partire.*

c. *It being clear that John won't come, we can leave.*

(72) a. * Étant arrivé une mauvaise nouvelle, nous ne pouvons pas partir.

b. *Essendo arrivata una brutta notizia, non possiamo partire.*

c. *There having arrived bad news, we cannot leave.*

En d'autres termes, les langues à sujet nul, tel l'italien, offriraient trois possibilités pour les gérondives (sujet lexical, contrôle et sujet nul non référentiel), alors que les langues à sujet non nul, le français ou l'anglais, ne permettraient que deux options (sujet lexical et contrôle).

Bien que cette analyse semble juste, comme les faits la présentent ci-dessus, on constate à la lumière d'autres faits qu'elle présente plusieurs failles. En effet, dans les structures adjointes infinitives de la variété dialectale FQ, des pro non référentiels sont possibles dans cette position avec des verbes « atmosphériques » en (73) et aussi des arguments vides en (74):

(73) a. *pro* Faire beau, nous finirions (DULONG 1952).

b. *pro* Neiger fort de même toute la nuit, on pourrait jamais partir d'icitte.

(74) a. *pro* Avoir venu du monde pour pousser le char, on se serait sorti de d'là ben plus vite.

b. *pro* S'agir de lui, je dirais rien.

c. *pro* Y avoir de l'argent dans le coffre, je le prendrais.

d. *pro* Être possible de rester ici à soir, je resterais.

e. *pro* Falloir travailler fort de même toute ma vie, je serais ben découragé.

Il faut noter qu'en (73) il ne s'agit pas de quasi-arguments avec des rôles-θ atmosphériques, puisqu'ils apparaissent en isolation syntaxique et non dans un contexte où ils sont coréférentiels avec un autre rôle-θ atmosphérique, comme dans les positions enchâssées suivantes:

(75) a.   Il$_i$ a plu toute la journée sans *pro*$_i$ s'arrêter.

b.   * Il$_i$ a plu toute la journée sans *pro*$_i$ partir.

Nous en concluons que tous les pro en (73) et en (74) sont des pro non référentiels.[32] En d'autres termes, on ne retrouve pas ici la distinction traditionnellement établie par CHOMSKY (1981) et RIZZI (1982; 1986a) concernant le comportement parallèle des arguments et des quasi-arguments en opposition aux non-arguments. Les arguments, les quasi-arguments et les non-arguments[33] sont tous acceptables dans cette position. On retrouve même des pro avec une interprétation arbitraire:

(76) a.   *pro* Partir plus de bonne heure, personne s'apercevrait de rien (FQ).

b.   *pro* Manger salé comme ça tout le temps, faudrait boire plus d'eau que ça (FQ).

3.5.4. Identification d'un pro non référentiel

Ces faits montrent qu'une explication de la différence entre les grammaires du français et de l'italien par le paramètre du sujet nul n'est pas adéquate.[34] Mais comment expliquer alors la possibilité de trouver des pro non référentiels dans cette variété dialectale et dans ce type de structure adjointe plus particulièrement?

L'approche générale que nous préconisons dans cet ouvrage tend plutôt vers une remise en question du paramètre du sujet vide. Comme nous l'avons présenté, ce paramètre ne permet pas de rendre compte adéquatement des faits observés dans les grammaires des dialectes du français et de l'italien. Ce paramètre a été le plus souvent présenté dans les ouvrages comme le paramètre responsable de la récupérabilité des arguments nuls. En réalité, dans le cas qui nous préoccupe, la présence d'une catégorie vide non référentielle dans ses structures adjointes ne peut être expliquée par ce paramètre.

La question qui se pose est plutôt de savoir pourquoi cette catégorie vide non référentielle est possible dans cette structure adjointe et non pas dans une autre structure adjointe de la même grammaire ou encore dans une structure adjointe d'une autre grammaire, celle de l'italien ou du français par exemple.

Nous stipulons que les pro non référentiels des structures adjointes infinitives doivent être I-identifiées par le nœud INFL de la proposition adjointe, et ce nœud INFL de l'adjointe doit à son tour être gouverné par le nœud INFL de la matrice. Des conditions particulières reliées au Temps de la matrice et de la proposition adjointe doivent également être précisées afin de rendre compte des impossibilités suivantes dans cette même grammaire:

(77) a. * *pro* Neigeant très fort, Jacques est parti.

b. * Bien qu'*pro* ayant plu, il refusait de sortir.

c. * Une fois *pro* plu, on est sorti.

Nous posons donc que le contexte syntaxique dans lequel un pro non référentiel peut apparaître doit être identifié. On avance, de façon générale, que l'identification des pro non référentiels n'est pas aussi forte que l'identification des pro référentiels. BORER (1987) signale en effet que les éléments explétifs sont marqués de façon inhérente pour la 3e personne et qu'ils ont moins besoin d'une identification stricte.

Aussi, afin de distinguer le contexte syntaxique qui permet de tels pro non référentiels dans la grammaire de ce dialecte, nous présentons l'identification syntaxique suivante en espérant que des recherches futures nous fourniront des explications plus générales:

(78)   Un pro non référentiel peut être I-identifié par un INFL [+ Temps(infinitif), − AGR] dont la projection maximale [IP] est engendrée en position non argumentale et est gouvernée par un nœud INFL [+ Temps(conditionnel), + AGR].

Les grammaires qui ne permettent pas de telles structures syntaxiques ne permettront pas également de tels pro non référentiels puisque cette interprétation non référentielle est intimement liée à cette construction infinitive hypothétique. Cette interprétation est en effet exclue avec les infinitives en position argumentale:

(79) a. * Pleuvoir toute la journée m'ennuierait.

b. * S'agir de lui serait difficile.

Nous avons étudié dans ce chapitre une structure adjointe qui présente des caractéristiques particulières en ce sens qu'elle permet d'engendrer des catégories vides non référentielles. Mise à part cette particularité, nous avons vu qu'elle présentait toutes les propriétés d'autres structures adjointes qui ne sont pas des projections maximales de CP, c'est-à-dire les gérondives et les petites propositions participiales à valeur aspectuelle. Nous avons vu également que la présence d'un pro non référentiel dans ces structures hypothétiques ne cadrait pas avec l'hypothèse paramétrique de RIZZI (1982) concernant le paramètre du sujet nul.

Nous proposons plutôt que les catégories vides soient d'abord identifiées à part dans la grammaire afin de dresser de façon plus éclairée le tableau d'une typologie des langues et des dialectes qui leur sont associés. Nous discutons, dans le chapitre 4, d'autres faits qui viennent appuyer notre hypothèse. Ces faits concernent la présence d'un sujet pléonastique obligatoirement vide dans des grammaires qui ne peuvent aucunement être considérées comme des langues à sujet nul.

NOTES

[1] Cet exemple est extrait du corpus BEAUCHEMIN-MARTEL-THÉORET, Université de Sherbrooke (16019924-16019925).

[2] Nous sommes redevables à MARIA RITA MANZINI de nous avoir communiqué cette information.

[3] Les données à l'étude, quant aux constructions (1) et (2), sont celles d'une variété de français relevée au Québec plus particulièrement. Ces structures existent aussi ailleurs au Canada (Ontario, Provinces de l'Ouest, Provinces maritimes, etc.). Nous ne vérifierons cependant pas si les propriétés syntaxiques et sémantiques sont les mêmes qu'en FQ.

[4] L'utilisation de la 1re personne du pluriel dans cet exemple contraste avec l'ensemble de la structure syntaxique et constitue une interférence intéressante avec la grammaire du français standard ou du français écrit. L'emploi du « on » à la place du « nous » est certainement plus naturel dans la grammaire de ce français oral.

[5] RAPOSO (1987b) signale également pour le portugais européen une proposition infinitive introduite par une préposition. Celle-ci est sélectionnée par le verbe de la matrice et elle peut être topicalisée ou même clivée:

(i)a. [*A fumar*]$_i$, *nâo imaginava o Manel* t$_i$.
   fumer, je n'imaginais pas Manel

   b. *Foi* [*a fumar*]$_i$ *que eu vi os meninos* t$_i$.
   c'était fumer que j'ai vu les enfants

[6] On constate, de plus, que la grammaire de ce dialecte ne permet pas de traiter les auxiliaires *être* et *avoir* de façon distincte à l'infinitif quant au placement de la négation, tel que postulé dans POLLOCK (1987): n'être *pas heureux..., n'avoir pas eu d'enfance heureuse...*

Cet auteur montre en effet qu'en français standard seuls les auxiliaires à l'infinitif peuvent effectuer la montée de VP à INFL. Il ne semble pas exister de telles différences entre les verbes lexicaux et les verbes auxiliaires dans cette grammaire:

(i)a. $_{IP}$[$_{VP}$[Pas avoir d'instruction, ...]]

   b. * $_{IP}$[Avoir$_i$ [pas t_i d'instruction...]]

   c.   Pas s'être senti coupable de quelque chose,...

   d. * S'être pas senti coupable de quelque chose,...

   e.   Pas pouvoir le dire,...

   f. * Pouvoir pas le dire,...

[7] Le dialecte de Bruxelles permet de telles structures mais uniquement avec des formes figées telles que *pouvoir la contre* (pouvoir en prendre):

(i) e_i Boire de la bière, Jean$_i$ peut la contre (bruxellois).

Il semble, toutefois, que cette construction ne soit pas productive dans ce dialecte. L'interprétation hypothétique, caractéristique de la structure en FQ, n'y est pas possible.

[8] POLLOCK (1987) avance que *to* pourrait être déplaçable en structure-S et adjoint au VP à cause de la position des particules de la négation et des adverbes en anglais:

(i)a. *I believe John not to read any books.*

   b. * *I believe John to not read any books.*

Cette dernière possibilité ne s'applique pas pour les phrases (18) puisque la négation se place toujours suivant l'ordre sousjacent proposé. On sait que suivant POLLOCK (1987), l'ordre sousjacent, présenté en (iia) ci-dessous, pour les phrases à temps fini, les infinitives et les gérondives est le même. La variation dans l'ordre en surface s'exprime plutôt par l'intermédiaire de différentes stratégies, telle la montée du verbe dans INFL:

(ii)a. $_{INFL'}$[Jean (n')$_{INFL'}$ [$_{INFL}$ [aime + Présent,3s $_{Adv}$ [pas] $_{VP}$ [t_i Marie]]]]

   b.   Jean n'aime pas Marie.

   c.   En n'aimant pas Marie,...

   d. * Ne pas en aimant Marie.

   e.   Bien que n'étant pas malade,...

[9] Cf. VINET (1989) pour une analyse plus détaillée de ces constructions. Il est proposé que les différentes restrictions lexicales observées sur la position prédicat peuvent être liées à la distinction entre « stades dans le procès » et « procès individuel » (*stage-level* et *individual level predicates*) (KRATZER 1988).

[10] BELLETTI (1981) propose une structure sousjacente avec un trait [-infl] d'un type particulier pour les petites propositions absolues de l'italien. Bien que sa solution se rapproche d'une certaine façon de la nôtre, ces phrases absolues de l'italien ont quelquefois des propriétés différentes, comme l'indiquent les exemples suivants:

(i)a. *Conosciuta Maria, Gianni e' cambiato molto.*

connue Marie, Jean a beaucoup changé

b. *Morta io, Gianni cambierà vita.*

je morte, Jean changera vite

[11] Une autre indication à cet effet est que le verbe *croire*, qui peut sélectionner une petite proposition avec participe passé ou adjectif, ne présente pas les mêmes restrictions lexicales que l'adverbe introducteur. Les exemples ci-dessous illustrent ce phénomène:

(i)a. * Aussitôt Jean intelligent,...

b. * Aussitôt le chemin long,...

c. Une fois Jean venu,...

(ii)a. Jean croit [Marie intelligente].

b. Elle croit [le chemin long].

c. * On croit [Jean venu].

[12] Certains auteurs ont même déjà proposé qu'en se déplaçant à l'intérieur de la phrase, les adjoints pourraient ne pas laisser de trace (LASNIK et SAITO 1984:263n.36; GUÉRON 1984).

[13] Nous reprenons librement, en les modifiant, certains passages de VINET (1988a).

[14] L'agrammaticalité de (29e) comparativement à (28d) pourrait s'expliquer par le fait que l'auxiliaire est un verbe en français et que la position entre le verbe et le participe passé en (29e) n'est pas une position périphérique acceptable pour placer la proposition IP. Il faudrait alors expliquer pourquoi, cependant, les adverbes peuvent apparaître dans cette position en français.

[15] Nous adoptons ici la définition suivante du gouvernement propre de AOUN et SPORTICHE (1981):

(i) α gouverne proprement β si α gouverne β et:

a. α est une catégorie lexicale X (gouvernement lexical),

b. α est coïndicé à β (gouvernement par antécédent).

[16] CHOMSKY (cours, session d'automne 1986) définit comme suit le marquage-L:

(i) β est L-marqué par α si:

a. α est lexical,

b. β est un complément de α.

[17] Cette restriction représente, pour l'essentiel de ce qui est traité ici, l'équivalent d'un principe plus général formulé par CHOMSKY (1986b:6) suivant lequel l'analyse de l'adjonction est reliée à la théorie-θ:

(i) L'adjonction est possible uniquement lorsqu'elle se rattache à une projection maximale ... qui est un non-argument.

[18] Ces exemples n'appartiennent pas à une variété dialectale précise, régionale ou sociale. Les structures topicalisées sont plus fréquentes dans un certain style publicitaire. On sait aussi que les formes en (39) et celles en (i) ci-dessous ne sont acceptables que pour certains locuteurs du français (cf. BALTIN 1982; VINET 1988a; entre autres). Elles sont totalement exclues, par exemple, en FQ.

(i)a. Les desserts au chocolat, je savoure toujours très lentement.

b. Ce film, j'aimerais bien revoir encore une fois.

Il faut souligner que ROCHEMONT (1978) accepte comme grammaticale une phrase telle que *In the living room what did Mary find?* uniquement si *in the living room* est un focus accentué de la proposition qui suit et s'il n'en est pas séparé par une pause intonative. Ceci ne semble pas être le cas en (39).

[19] Selon cet auteur, la grammaticalité de cette phrase est plutôt douteuse puisqu'il est difficile de reproduire des modèles parallèles tels que * *He's a man who liberty we could never grant to.* De plus, il montre que

l'analyse de BALTIN (1982) prédit faussement une corrélation stricte parmi les locuteurs sur leurs jugements de grammaticalité pour (40) et des exemples similaires de violation de sousjacence:

(i)a. * *What do you wonder who gave to Bill?*

  b. * *A book on linguistics John said that to Bill he would never give.*

[20] ESTHER TORREGO nous informe que ces constructions sont également très courantes en espagnol.

[21] Il n'est pas possible de fournir des exemples de trous parasites dans les constructions absolues puisqu'il s'agit ici de verbes ergatifs ou de passifs tronqués qui ne présentent qu'un seul argument.

[22] LARSON (1985) a proposé que des NP adverbiaux nus (*bare-NP adverbials*) pouvaient recevoir un Cas, au moyen d'un trait [+ F] hérité de la tête N, ainsi qu'un rôle-θ. Il s'agit d'exemples du type suivant:

(i)a. *I saw John [that day].*

  b. *John was headed [that way].*

Cet auteur montre que ces NP peuvent quelquefois alterner avec d'autres *catégories adverbiales*:

(ii)a. *Peter put the letter* $\left\{ \begin{array}{l} [\text{ NP } someplace \text{] } \\ [\text{ s } where \text{ } Max \text{ } would \text{ } find \text{ } it \text{] }] \end{array} \right\}$.

  Pierre a mis la lettre $\left\{ \begin{array}{l} \text{quelque part} \\ \text{là où Max la trouverait} \end{array} \right\}$.

Il ne s'agit pas d'un phénomène identique, dans nos propositions adjointes. D'ailleurs, l'alternance avec la catégorie NP est soit impossible, soit possible (là où il peut y avoir isolation syntaxique), mais alors le NP est non sélectionné par le verbe de la matrice, de la même façon que pour le IP en (iiib et c):

(iii)a. * Une fois l'assassinat du président, les Américains hurlent.

  b. [NP L'assassinat du président à nouveau], les Américains seraient sûrement atterrés.

  c. [IP Le président se faire assassiner], les Américains seraient sûrement atterrés.

[23] Cette restriction pourrait être une indication que de telles propositions sont exclues en position d'argument externe, en français comme en anglais. Ces auteurs relèvent également que la distribution de ces phrases est limitée puisqu'elles apparaissent uniquement avec le verbe copule:

(i) * *Her in New York bothers me.*

    elle à New York m'ennuie

[24] Nous adoptons, à la suite de BELLETTI (1988), la convention générale suivant laquelle le terme *défini* correspond aux NP dont le Spec est un article défini ou aux NP qui sont des noms propres. Les NP *indéfinis* sont ceux dont le Spec est soit un quantifieur, soit un article indéfini.

[25] Il ne faut pas confondre les indéfinis avec les génériques puisque, en français, on peut obtenir une lecture générique avec un article indéfini:

(i) Une fois un linguiste en place, il est indécollable.

Cet exemple vient de DENIS BOUCHARD. Nous remercions JACQUELINE GUÉRON d'avoir porté ce fait à notre attention.

[26] Voir entre autres RIZZI (1982) pour l'italien et le français, BEUKEMA (1985), BORER (1987) pour l'anglais, et VINET (1985b) pour le français.

[27] Les exemples de ce type où l'antécédent n'est pas le sujet grammatical ont déjà été discutés dans certains travaux (VILLIARD 1984; BEUKEMA 1985). Différentes hiérarchies de type pragmatique ont été proposées, elles comprennent les fonctions grammaticales (sujet ≥ objet ≥ objet P), la personne, etc. Les exemples suivants illustrent bien ce phénomène:

(i)a. pro_i Être beau, elle me$_i$ regarderait peut-être.

  b. * pro_i Être belle, je la$_i$ regarderais pas.

[28] La c-commande est une relation structurale qui permet de définir certaines propriétés syntaxiques de la phrase. Elle se définit comme suit: un nœud A c-commande un nœud B si et seulement si A ne domine pas B et le premier nœud branchant dominant A domine également B.

[29] Nous avançons, tout comme BELLETTI (1982) pour l'italien, que la séquence non discontinue du réciproque *les uns les autres* reproduit la forme clitique de l'anaphore réciproque *se*. En d'autre termes, ces deux formes doivent apparaître ensemble pour obtenir une séquence grammaticale:

(i)a. * Ils$_i$ ont lavé [les uns les autres]$_i$.

   b. Ils se sont lavés les uns les autres.

[30] VINET (1988a) propose une explication relative à la contrainte ATB (*across the board*). Cette explication ne permettrait pas toutefois une généralisation à d'autres phénomènes identiques observés ailleurs dans la grammaire.

[31] Nous ne discutons pas ici l'hypothèse de BORER (1986b; 1987) suivant laquelle la catégorie vide pro, un pronominal pur, occupe également la position [NP, IP] des structures infinitives et gérondives.

[32] Certains locuteurs du français, plus particulièrement des locuteurs du québécois, acceptent des exemples tels que les suivants:

(i)a. Pour *pro* pleuvoir, il faudrait d'abord de gros nuages dans le ciel.

   b. Avant de *pro* pleuvoir, il y a souvent des oiseaux qui volent bas.

Il semble exister un lien sémantique de cause à effet entre les deux propositions dont la nature est imprécise. On note cependant qu'une phrase comme la suivante serait inacceptable:

(ii) * Avant de pleuvoir, Jean a embrassé Marie.

Ces faits semblent indiquer que les pro en (i) pourraient être des quasi-arguments. G. LONGOBARDI (communication personnelle) nous signale que ces exemples en (i) ne se rencontrent pas en italien standard.

[33] Les exemples qui ne sont pas acceptables avec des non-arguments sont du type suivant:

(i)a. * Sembler pouvoir courir, il devrait se décider.

   b. * Paraître que Jean vend, je m'en irais.

Ces phrases (i), avec des verbes à montée, ne sont pas interprétables parce que la structure d'argument de ces verbes en bloque toute interprétation possible dans ce contexte-ci. On note par ailleurs que ces verbes à montée sont toujours incompatibles avec un nœud INFL [+ Temps, − AGR].

[34] RIZZI (1986a:527) note qu'un pro explétif sujet d'une petite proposition est possible en italien lorsque le prédicat de celle-ci n'assigne pas de rôle-θ externe. Si l'anglais ne permet pas un tel pro explétif dans ce contexte, il en conclut que cette différence est liée au paramètre du sujet nul. Cette analyse n'explique pas cependant pourquoi de tels pro explétifs sont également possibles en français:

(i)a. *Gianni ritiene* [pro *probabile* [*che Mario venga*]].

   b. *Gianni believes* it *likely that Mario comes*.

   c. Gianni croit *pro* probable que Mario vienne.

Pour une discussion critique de cette analyse, voir ROBERGE (1988) et WILLIAMS (1987).

4

Sujets pléonastiques vides

4.0. Introduction

Le problème soulevé par les sujets pléonastiques vides ou lexicaux dans la grammaire est relié à l'importante question des sujets syntaxiques et de l'obligation pour chaque phrase d'avoir une position sujet, même si celle-ci est une position non thématique. Cette question est aussi très liée à l'étude d'une typologie des langues qui tienne compte des catégories vides en position sujet. On sait en effet que certaines grammaires, telle celle de l'italien standard, permettent des sujets vides qui ne sont pas exprimés phonologiquement alors que d'autres ne les permettent pas. Dans ce dernier cas, on cite généralement l'exemple de l'anglais.

Nous verrons toutefois que les données de certaines variations dialectales vont amener sinon forcer les linguistes à faire preuve de plus de précision en ce domaine. Cette distinction courante, et en réalité fort pratique, entre les grammaires de l'italien standard et de l'anglais standard est liée au paramètre du sujet vide, déjà discuté à la sous-section 2.1.2. Rappelons que l'italien est perçu comme le prototype des langues à morphologie verbale *riche*, alors que l'anglais constitue le phénomène opposé avec un accord dit *pauvre*. L'analyse courante associée à ce phénomène veut que pro soit coïndicé à des traits grammaticaux explicites.

Dans ce chapitre, notre but est de montrer que, contrairement à l'idée fort répandue, les sujets pléonastiques vides ne s'expliquent pas uniquement par le paramètre du sujet vide. Nous verrons, d'un côté, que certaines grammaires qu'on ne peut nullement classer comme des langues à sujet vide, le créole haïtien et le dialecte anglais de Terre-Neuve au Canada entre autres, connaissent des sujets pléonastiques obligatoirement vides. D'un autre côté, des grammaires à accord riche, tel le dialecte de Crémone en Italie, exigent un sujet pléonastique lexical lorsque le verbe est à un temps donné.[1]

L'ensemble des faits observés dans différentes grammaires nous amène à proposer un principe paramétrisé, associé à INFL, par l'intermédiaire duquel se fera l'identification des sujets pléonastiques vides. Ce principe s'appuie en partie sur le modèle déjà proposé par RIZZI (1986a) pour l'identification de la catégorie vide référentielle pro. En d'autres termes, nous proposons ici que les catégories vides explétives ou non référentielles soient également identifiées dans la grammaire.

4.1. Effacement phonologique ou syntaxique

L'effacement du sujet pléonastique *il* est quelquefois possible en français dans des locutions figées:

(1) a. N'importe.

b. N'empêche.

c. Advienne que pourra.

d. Il ne pleut ni ne vente (cf. * il pleut et vente fort).

MORIN (1985), dans son étude détaillée des verbes *voici* et *voilà*,[2] suggère que l'absence de sujet syntaxique avec certaines formes impersonnelles pourrait être liée à l'aphérèse (chute d'un phonème initial ou suppression de la partie initiale d'un mot); il signale toutefois que les caractéristiques de ce phénomène de nature phonologique ne sont pas très bien connues en français. Ainsi, l'aphérèse s'appliquerait « le plus souvent en position initiale de phrase, devant une consonne mais rarement (apparemment) devant un auxiliaire débutant par une voyelle ou un pronom clitique », comme le montrent les exemples suivants (MORIN 1985):

(2) a. * Je pense que va falloir y aller.

b. Va falloir y aller.

c. ? Aurait fallu y aller plus tôt.

d. En faudrait deux autres.

Malgré l'imprécision évidente d'une telle définition, on peut constater que la distinction entre la position initiale et la position enchâssée peut servir de critère pour justifier un effacement phonologique ou un effacement syntaxique.[3] Toutefois, dans le français du Québec, l'exemple (2a) est acceptable et s'oppose clairement à d'autres formes non permises en position enchâssée:

(3) a. Je pense que va falloir y aller asteure (FQ).

b. Je sais que faut le faire comme faut (FQ).

c. * Je pense que s'agit de voir.

d. * Je m'aperçois que s'en passe des choses ici.

Par ailleurs, en ce qui concerne l'effacement du *il*, le français parlé ou le français populaire ne traite pas de la même façon certains verbes météorologiques ou certaines formes avec la copule (cf.(4)), contrairement à d'autres formes (cf.(5)). Ces faits semblent indiquer qu'il serait effectivement abusif de grouper dans une même classe syntaxique toutes ces formes impersonnelles (GAATONE 1976).

(4) a. * Pleut.

b. * Neige.

c. * Est évident qu'il va venir.

d. * Est possible qu'elle sorte.

e. * Semble que Jean va y aller.

(5) a. Faut que tu viennes.

b. Paraît que t'as vendu ta maison.

c. Reste que c'est pas une affaire à dire (FQ).

d. S'en passe des choses ici!

e. Y a pas que ça.

VINET (1987; 1988c) a déjà proposé que les sujets en (4) ne pourraient pas être effacés parce qu'ils représentent des arguments avec un rôle thématique. Dans d'autres cas, le sujet pléonastique pourrait ne pas apparaître parce qu'il ne recevrait pas de rôle thématique. Ce raisonnement s'appuie sur l'analyse de RIZZI (1986a) et la classification de TRAVIS (1984) suivant lesquelles il existerait une distinction entre des arguments nuls référentiels, des quasi-arguments et des non-arguments.

Par ailleurs, il est intéressant de constater que l'effacement du sujet pléonastique n'est jamais possible avec la copule (cf. (4c et d)). Cet effacement ne peut pas être assimilé à un phénomène phonologique « devant un auxiliaire débutant par une voyelle » (cf. MORIN 1985) puisque, dans un dialecte du français, la forme (2c) que nous reprenons ici est parfaitement acceptable:

(6) Aurait fallu y aller plus tôt (FQ).

Il faut admettre que la notion d'auxiliaire auquel il est fait référence dans le texte de MORIN (1985) correspond à la définition traditionnelle de ce terme. En réalité, les deux formes verbales représentent des catégories syntaxiques différentes puisqu'en (6) *aurait* est un auxiliaire neutre (dans la terminologie de GUÉRON et HOEKSTRA, à paraître) qui s'allie au verbe pour marquer le Temps. Selon les analyses de STOWELL (1983) et COUQUAUX (1981), le verbe *être* sélectionne une petite proposition où on observe la montée de NP en position d'argument externe:

(7) a. [e être $_{SC}$[NP AP]]

b. [NP être $_{SC}$[t AP]]

L'absence de forme pléonastique vide avec ces verbes à montée en (4c, d et e) pourrait être liée à leur structure d'argument. L'explication précise pour un tel phénomène n'est pas évidente, cependant. On remarque, par exemple, que la présence d'un clitique joue un rôle déterminant dans ce processus, comme l'indique la forme *m'est avis*, qui est souvent perçue comme archaïque:[4]

(8) a. M'est avis que vous méritez ce qui vous arrive.

b. * Est avis que vous méritez ce qui vous arrive.

De la même façon, on note que les locuteurs du FQ acceptent un sujet pléonastique vide uniquement lorsque le verbe *sembler* est précédé d'un clitique:

(9) a. Me semble que Jean va venir.

b. Me semble.

c. * Semble que Jean va venir.

d. * Semble.

Ces distinctions très nettes dans ce dialecte semblent suggérer que des grammaires permettent l'effacement syntaxique du sujet pléonastique avec une catégorie de verbes lorsque INFL contient certains éléments lexicaux, tels les clitiques.[5] Nous reviendrons là-dessus à la section 4.2., lors de la discussion de faits similaires en créole haïtien.

Certains locuteurs du québécois acceptent l'absence du sujet lexical lorsque les verbes météorologiques sont suivis d'un adverbe ou d'une négation, comme le montrent les exemples suivants:

(10) a. Pleut un peu.

    b. Neigeait pas fort hier.

    c. Mouille pas beaucoup ici.

Toutefois, ces formes sont inacceptables en position enchâssée (11), contrairement à ce qu'on observe avec le verbe *falloir* en (12):

(11) a. * Je sais bien que pleut un peu.

    b. * J'ai remarqué que neigeait pas fort hier.

    c. Je sais bien qu'il pleut un peu.

    d. J'ai remarqué qu'il neigeait pas fort hier.

(12) a. Je sais bien qu'aurait fallu le dire avant (FQ).

    b. Je pense que faudrait le dire maintenant (FQ).

Ces faits indiquent que l'effacement de (10) est d'un type différent de celui avec le verbe *falloir*. Peut-être s'agit-il dans ce cas d'un effacement phonologique. Nous laissons la question ouverte. Il est important de remarquer, toutefois, que l'enchâssement ne constitue pas toujours un critère pertinent pour distinguer un effacement syntaxique d'un effacement phonologique, puisque certaines formes impersonnelles sont totalement exclues en position enchâssée, même avec un sujet pléonastique lexical:

(13) a. * Je sais qu'il n'empêche que…

    b. * Je pense qu'il m'est avis que…

    c. * Je considère qu'il semble que Jean va venir.

Quoi qu'il en soit, les faits observés ci-dessus nous permettent d'avancer l'hypothèse que l'effacement du sujet pléonastique dans différentes grammaires du français est très souvent lié à des phénomènes de nature syntaxique.

4.2. Sujets pléonastiques en créole haïtien

La grammaire du créole haïtien contient des faits très pertinents pour l'analyse des sujets pléonastiques. Il faut remarquer, d'abord, que cette langue qui exige toujours la présence de sujets référentiels lexicaux ne manifeste aucune forme d'accord morphologique sur le verbe ou les particules verbales. L'un des intérêts de cette grammaire pour notre étude provient du fait qu'elle avance une division intéressante entre certains cas de sujets pléonastiques obligatoirement vides et d'autres cas de sujets pléonastiques obligatoirement lexicaux. On note que le sujet pléonastique *li* correspond à un pronom à la forme forte en créole haïtien puisque cette grammaire ne possède pas de formes clitiques.

4.2.1. Les verbes *gen* et *fo*

Deux verbes, *gen* (avoir) et *fo* (falloir), présentent cette caractéristique de ne jamais engendrer un sujet pléonastique lexical. Ces verbes ont également en commun le fait de ne jamais assigner de rôle-θ à la position d'argument externe:

(14) a. *Gen yon poblem.*
   avoir un problème
   'Il y a un problème.'

   b. *Fok ou vini.*
   falloir tu venir
   'Il faut que tu viennes.'

Suivant le modèle d'analyse présenté par GUÉRON (1986) pour le verbe *avoir*, nous avons montré dans VINET (1987) que la forme existentielle du verbe *gen* sélectionnait une proposition réduite (*small clause*) avec un opérateur locatif vide qui se déplace en position adjointe à la proposition réduite afin de lier la variable *yon poblem*, qui présente un effet indéfini:

(15) a. pro *Gen* $_{SC}$[Op$_{loc}$ *yon poblem*].

   b. pro *Gen* $_{SC}$[Op$_{loc}$ [t *yon poblem*]].

L'interprétation existentielle du verbe *gen* en créole haïtien aurait une position d'argument externe toujours vide puisqu'aucun NP ne peut s'y déplacer, du moins en structure-S.[6] Il en va de même du verbe *fo*, qui n'est pas un verbe à montée:

(16)   * *Jan fok li vini.*
   Jean falloir venir

Ces deux verbes ont donc un pro non-argument toujours vide en position d'argument externe. La présence d'une particule de Temps (cf. (17)) et une position enchâssée en (18) ne changent rien à cette situation:

(17) a. * *Li (te) gen yon poblem.*
   il (Passé) avoir un problème
   'Il y avait un problème.'

   b. * *Li (te) fok ou vini.*
   il (Passé) falloir tu venir
   'Il fallait que tu viennes.'

(18) a. *M kwè gen yon poblem.*
   'Je crois qu'il y a un problème.'

   b. *M kwè fok ou vini.*
   'Je crois qu'il faut que tu viennes.'

4.2.2. L'élément pléonastique en créole haïtien

Certains verbes impersonnels, tel *rete* (rester) en créole haïtien, prennent facultativement un sujet pléonastique lexical. D'autres verbes aussi prennent facultativement un sujet pléonastique lexical mais uniquement lorsqu'une particule de Temps apparaît sous AUX (cf.(20a)). En (20b), au contraire, la présence de la particule de Temps entraîne un sujet pléonastique obligatoirement vide. Sans cette particule de Temps, on note que le sujet pléonastique lexical est facultatif en surface (cf. 20c):

(19) (*Li*) *rete twa zè.*
      il rester trois heure
      'Il reste trois heures.'

(20) a. (*Li*) *te manké sel nan manjé a.*
        il (Passé) manquer sel dans nourriture *Det*
        'Il manquait du sel dans la nourriture.'

  b. (**Li*) *te sanble l malad.*
        il (Passé) sembler il malade
        'Il semblait qu'il était malade.'

  c. (*Li*) *sanble l malad.*
        il sembler il malade
        'Il semble qu'il a été malade.'

On note aussi que la particule de Temps *ap* qui marque le futur permet un sujet pléonastique vide dans certains contextes, c'est-à-dire lorsque le nœud INFL de la matrice gouverne une position adjointe de type suivant:

(21) a. *Kan l'ap rale, ap rete twa zè.*
        'Quand il sera parti, il sera trois heures.'

  b. *Lè l'ap fè manjé, ap manke sel.*
        'Quand elle fera à manger, elle manquera de sel.'

Quelle que soit l'analyse pour tous ces faits, ceux-ci montrent que la particule de Temps dans AUX peut jouer un rôle dans l'identification du sujet pléonastique vide pro en créole haïtien.

Par contre, on observe que le sujet pléonastique est obligatoire avec les verbes « météorologiques ». Le rôle de la particule verbale ne semble pas déterminant ici:

(22) a. * (*L'*) *ap vante.*
          'Il vente.'

  b. * (*L'*) *ap négé.*
          'Il neige.'

(23) a. * *Sanble vante.*
          sembler venter

  b. *Sanble l'ap vante.*
          'Il semble qu'il vente.'

De plus, les formes impersonnelles suivantes, avec un adjectif et une copule absente en surface, retiennent obligatoirement le sujet pléonastique *li*:

(24) a. * (*Li*) *difisil pou pale ak Jan.*
          il difficile POU parler avec Jean
          'Il est difficile de parler avec Jean.'

b. * (*Li*) *posib pou l vini.*
   il possible POU il venir
   'Il est possible qu'il vienne.'

Si l'on propose une structure argumentale avec proposition réduite pour la phrase matrice, on pourrait alors convenir, tout comme pour le français en (4c et d), que la présence d'une forme lexicale est obligatoire dans la position sujet d'une proposition réduite. Les faits en (22) et (24) rappellent la discussion menée dans la section 4.1. concernant les exemples (4) du français. On peut donc avancer l'hypothèse que l'effacement du sujet pléonastique n'est pas possible ici puisque *li* serait un pronom qui reçoit un rôle thématique, d'une certaine façon que nous ne discuterons pas ici (cf. VINET 1988c). En d'autres termes, *li* pourrait tenir plusieurs rôles dans cette grammaire: celui de pronom, de semi-pronom (quasi-argument) ou d'explétif.[7]

Une explication détaillée de toutes ces données en créole haïtien nous éloignerait de notre propos. Nous pensons toutefois que les faits présentés dans cette section indiquent clairement que la présence ou l'absence d'un sujet pléonastique lexical dans la grammaire du créole haïtien est liée à des phénomènes de nature syntaxique.

4.3. Des sujets pléonastiques lexicaux obligatoires

Nous verrons dans cette section que deux dialectes de l'italien, le crémonais et le florentin, présentent des sujets pléonastiques lexicaux obligatoires. Ceux-ci sont conditionnés par des traits grammaticaux dans INFL.

4.3.1. Le crémonais

BORER (1987) relève que les restrictions sur l'occurrence du sujet vide à la troisième personne du passé, du futur et au temps présent ne valent que pour le pro référentiel en hébreu. Le pro non référentiel peut apparaître librement quel que soit le temps, comme le montrent ces exemples qu'elle cite:

(25) a. pro *Histaber she-Itamar shuv 'exer.*
        est arrivé que-Itamar encore était-en retard

   b. pro *Mistaber she-Itamar shuv me'ever.*
        arrive que-Itamar encore est-en retard

   c. pro *Yistaber she-Itamar shuv ye'exer.*
        arrivera que-Itamar encore sera-en retard

Selon BORER, ces faits indiqueraient que les exigences sont moins sévères sur l'identification des éléments non référentiels.

Cependant, la distribution des sujets pléonastiques vides ou lexicaux dans le dialecte de Crémone en Italie ne nous permet pas de souscrire à cette analyse de BORER. Rappelons que ce dialecte permet la présence de clitiques sujets. CAMPOS (1986), en citant ROSSINI (1975), note que la présence du sujet pléonastique lexical ou vide peut être liée à un temps sur le verbe avec certaines constructions impersonnelles. On sait, par ailleurs, que les pronoms clitiques sont possibles dans ce dialecte:

(26) a. *(El) piof.*
　　　'Il pleut.'

　　b. *L'é stat facil parla.*
　　　(3s-exp) est été facile parler
　　　'Il a été facile de parler.'

　　c. *(El) sarà mia facil katal.*
　　　'Il ne sera pas facile de le trouver.'

On remarque en effet que le sujet pléonastique lexical est obligatoire au temps passé mais facultatif au temps futur.

4.3.2. Le florentin

Nous avons déjà vu au chapitre 2 que le redoublement du sujet est obligatoire en florentin comme en trentais d'ailleurs:

(27) a. Florentin
　　　La Maria la ven.
　　　'Maria elle vient.'

　　b. Trentais
　　　El Mario el ven.
　　　'Mario il vient.'

Les deux grammaires permettent des inversions libres de leur sujet défini, mais seul le florentin exige un sujet pléonastique lexical:

(28)　*Gl'ha telefonato le tu sorele.*
　　　il a téléphoné tes sœurs

Selon BURZIO (1986) et CHOMSKY (1981), l'inversion d'un sujet défini place celui-ci dans une position de nœud-sœur de VP, il est alors adjoint (à la CHOMSKY) à ce nœud VP. Il en va de même pour l'inversion stylistique en français dans des phrases du type suivant: *Quand a téléphoné Jean?* Ces faits du florentin en (28) montrent que la présence d'un sujet pléonastique lexical peut aussi être liée aux traits grammaticaux d'un sujet défini inversé.

On voit donc qu'en crémonais un pro explétif est identifié par le Temps dans INFL, alors qu'en florentin les traits grammaticaux de genre et de nombre associés à l'inversion d'un NP défini ne peuvent pas identifier un pro explétif dans cette grammaire.

En réalité, ces faits sont beaucoup plus variés que ne le laisse supposer la typologie du paramètre du sujet vide. Ce paramètre ne permet pas de rendre compte d'une telle variation syntaxique entre grammaires.

4.4 Variétés dialectales de l'anglais

Le paramètre du sujet vide, comme l'on sait, identifie l'anglais comme une langue qui ne permet jamais de sujets vides. Il est vrai que cette grammaire ne permet pas les sujets clitiques et que l'inflexion sur le verbe y est plutôt *pauvre*. Mais que dire alors des faits suivants, observés dans différentes variétés dialectales de l'anglais, où les sujets pléonastiques vides sont possibles?

4.4.1. L'anglais de Terre-Neuve

Terre-Neuve est une île dans l'océan Atlantique qui constitue l'une des dix provinces du Canada. On y parle français mais surtout anglais (cf. KING 1983). La variété dialectale de l'anglais parlé permet des sujets pléonastiques vides liés au temps de l'auxiliaire. Les exemples suivants sont extraits de ROSE (1987):

(29) a. pro *Was probably eight or ten of us would go.*
   'Y avait probablement huit ou dix d'entre nous (qui) iraient.'

b. pro *Was only the women made skin boots.*
   'Y avait seulement les femmes (qui) faisaient les bottes en peau.'

c. pro *Was three or four of us girls who...*
   'Y avait trois ou quatre de nous (de) filles qui...'

d. pro *Was no kindergarten.*
   'Y avait pas de garderie.'

L'absence d'accord dans les constructions existentielles n'est pas uniquement propre à cette construction dans ce dialecte puisqu'on trouve le même phénomène avec des sujets lexicaux où l'on utilise *was* au lieu de *were* avec les pronoms *you*, *we* et *they*. Cette propriété se retrouve également dans d'autres variétés non standard de l'anglais:

(30) a. *You was swimming* (ROSE 1987).
   (2s) était en train de nager

b. *We was outside.*
   (1p) était dehors

c. *They was nowhere to be found.*
   (3p) était nulle part à être trouvés
   'On ne pouvait les trouver nulle part.'

On observe de plus, en (29), que l'effacement de la forme pléonastique est étroitement associée au Temps [+ Passé] de l'auxiliaire puisque les formes au présent sont inacceptables avec un sujet pléonastique vide:[8]

(31) * $\left\{ \begin{array}{l} Is \\ Are \end{array} \right\}$ *five of you* (ROSE 1987).
   'Y a cinq d'entre nous.'

Cette restriction s'applique également pour l'effacement du sujet pléonastique dans des constructions avec quasi-arguments:

(32) a. (*It) was seven o'clock (ROSE 1987).
'(Il) était sept heures.'

b. (*It) was really raining.
'(Il) pleuvait vraiment fort.'

ROSE (1987) mentionne également les exemples suivants qui permettent aussi l'identification d'un sujet pléonastique vide. Dans ces cas-ci, toutefois, on ne retrouve pas la restriction sur le Temps:

(33) a. pro Seems he's in love.
'Semble qu'il soit en amour.'

b. pro Looks like an accident.
'(Ça) a l'air d'un accident.'

c. pro May rain tomorrow.
'Peut pleuvoir demain.'

Il est clair que ce dialecte présente des faits très pertinents et très précis en ce qui concerne l'étude des sujets pléonastiques. Encore une fois, on s'aperçoit que le paramètre du sujet vide ne permet pas d'expliquer pourquoi un sujet pléonastique vide peut être sensible à certains traits grammaticaux de INFL dans cette variété dialectale de l'anglais.

4.4.2. L'anglais du Nicaragua

Dans une étude de l'anglais du Nicaragua, O'NEILL (1987) relève les exemples où les sujets pléonastiques vides sont possibles:

(34) a. Is easy for do that.
'Est facile de faire ça.'

b. Always rain in Buffalo, never snows.
'Pleut toujours à Buffalo, neige jamais.'

c. Was a little boy named Jack.
'Y avait un petit gars, appelé Jack.'

Ces exemples montrent que dans cette grammaire la restriction sur le Temps ne semble pas intervenir. On constate au contraire que la forme pléonastique est toujours vide, quelle que soit sa nature (argument, quasi-argument ou non-argument).[9]

4.5. Identification des pro_exp

CHOMSKY (1982:86) a proposé que l'inflexion identifiait les traits grammaticaux du sujet manquant. Cette analyse stipule que le contenu du sujet vide doit être déterminé par l'accord (AGR). Celui-ci se présente alors comme un ensemble de caractéristiques pour les traits de personne, de genre, de nombre et (avec les langues à « sujet vide ») le

Cas. Selon RIZZI (1986a), les pro$_{exp}$ nécessitent une identification formelle par le marquage du Cas uniquement. Seul les pro arguments seraient récupérés par des traits grammaticaux.

Certes, l'absence de traits grammaticaux sur la morphologie verbale en créole haïtien pourrait être une explication à l'impossibilité de trouver des pro référentiels arguments dans cette grammaire. Cette hypothèse n'offrirait pas d'explication, cependant, à la division entre les sujets pléonastiques vides ou lexicaux dans cette grammaire. Elle n'expliquerait pas non plus la raison pour laquelle dans certaines grammaires, du crémonais et de l'anglais de Terre-Neuve entre autres, les traits de Temps peuvent intervenir dans le processus de récupération du pro$_{exp}$.

Selon BORER (1987), les sujets pléonastiques vides possèdent le trait inhérent de personne puisque le sujet pléonastique lexical est toujours à la troisième personne.

Nous proposons que les sujets pléonastiques vides sont également identifiés, tout comme les sujets vides référentiels, par certains items à l'intérieur de INFL et, notamment, certains traits grammaticaux de Temps et de nombre, comme nous l'avons vu ci-dessus.

Suivant le modèle proposé par RIZZI (1986a) pour l'identification du pro référentiel dans la grammaire, nous avançons le principe suivant pour l'identification du pro non référentiel dans la grammaire:

(35) Pro$_{exp}$ est identifié par INFL$_x$
     où x représente un sous-ensemble de traits grammaticaux.

Le sous-ensemble de traits grammaticaux se composerait des traits sous AGR (nombre, genre, Cas et aussi certains clitiques) et de ceux sous Temps (futur, passé, présent, etc.).

Le pro non référentiel se distinguerait du pro référentiel en ce qui concerne la personne, puisque ce trait (3e personne) est inhérent pour les pro non référentiels.[10] Dans tous les autres cas, le trait x serait soumis à la variation paramétrique puisque les grammaires peuvent présenter des mécanismes très variés pour identifier les pro non référentiels.

Certains traits grammaticaux sont plus actifs que d'autres, suivant les grammaires. Certaines représentent la valeur nulle du paramètre, comme l'anglais standard où les pro$_{exp}$ ne peuvent jamais être identifiés.[11] D'autres, tels l'italien standard, le papiamento (KOUWENBERG 1987), l'anglais du Nicaragua (O'NEIL 1987) ou l'hébreu, permettraient une identification par le Cas uniquement, en plus du trait inhérent de personne. Certaines grammaires auraient un nœud INFL plus sensible aux traits grammaticaux du Temps, comme nous l'avons vu pour le crémonais et l'anglais de Terre-Neuve.

4.6. Conclusion

Ce nouveau mécanisme pour identifier le pro non référentiel dans la grammaire universelle aurait l'avantage de dissocier l'apparition des sujets pléonastiques vides du cas des langues dites à sujet nul ou du paramètre *pro-drop*. Cette classification erronée posait problème et ne permettait pas d'expliquer certains faits dans des grammaires moins connues.

Cet ensemble de faits, de même que le principe général sur la récupérabilité suivant lequel toute catégorie vide doit être identifiée dans la grammaire, viennent appuyer la nécessité de ce paramètre en (35). Nous avons tenté de montrer, à travers l'étude des sujets pléonastiques vides ou lexicaux dans différentes grammaires, que le paramètre du sujet vide, proposé par CHOMSKY (1982) et RIZZI (1982), ne pouvait nullement fournir une explication satisfaisante aux phénomènes syntaxiques soulevés dans ce chapitre. On constate plutôt que le fonctionnement des explétifs, dans l'ensemble, soulève des questions cruciales pour une typologie des contenus nominaux dans la théorie linguistique.

NOTES

[1] Ces faits, présentés dans la section 4.3. de ce chapitre, sont nouveaux dans la documentation et se distinguent de ceux déjà étudiés par BORER (1987) et SHLONSKY (1987) dans la grammaire de l'hébreu. On sait en effet que dans cette grammaire les traits grammaticaux dans AGR ne sont pas toujours explicites. Les pro référentiels sont sensibles à certains traits grammaticaux de personne et de Temps mais les pro non référentiels ne sont pas sensibles aux traits grammaticaux du Temps.

[2] Cet auteur défend l'hypothèse que ces formes sont des verbes tensés, au présent de l'indicatif, avec un sujet vide. Il montre également que certains dialectes auraient développé des caractéristiques particulières pour ces formes plutôt irrégulières. Ainsi, dans une variété du français du Québec, on trouve une conjugaison personnelle (cité dans MORIN 1985):

(i) Ça fait que nous *v'lons* à nager du côté du chanquier.

Il signale aussi qu'en wallon et en franco-provençal de nouvelles formes tensées se seraient développées.

[3] MORIN (1985:788) offre de nombreux exemples de phrases où ces verbes peuvent apparaître dans une proposition enchâssée:

(i)a. L'homme que voilà.

   b. Qui penses-tu que voilà?

Pour une analyse des pléonastiques vides dans la grammaire de l'allemand, cf. TRAVIS (1984) et SAFIR (1985).

[4] BRUNOT (1922) associe plutôt cette phrase à un style « un peu familier ».

[5] Il serait sans doute possible d'établir un rapprochement entre ces phénomènes et les verbes impersonnels (sans sujet pléonastique lexical) qui peuvent être précédés d'un adverbe dans des expressions archaïques du type suivant:

(i)a. Tant y a que...

   b. Peu s'en faut...

Il n'est pas clair en (ib) si l'adverbe occupe la position du spécifieur de IP ou une autre position.

[6] SHLONSKY (1987) propose que les explétifs soient remplacés par des arguments en Forme Logique.

[7] L'idée d'avoir des éléments pléonastiques qui sont en réalité des pronoms a déjà été développée par BENNIS (1987) pour *het* en hollandais et aussi par SHLONSKY (1987) pour le pronom *ze* en hébreu. CHOMSKY (1986a:92) a aussi proposé que la forme *it* de l'anglais recevrait un rôle-θ avec certains prédicats tels que *is obvious* (est évident), s'opposant en cela au *it* avec *seems* qui, lui, n'en recevrait pas. Il appuie son argumentation sur des faits du type suivant:

(i)a. *John believes [it to be obvious that* IP].

   b. * *John believes [it to seem that* IP].

(ii)a. *That Mary is intelligent is obvious.*

   b. * *That Mary is intelligent seems.*

[8] Cette caractéristique ne semble pas être partagée par la grammaire de la variété dialectale couramment appelée *black english* puisque l'on relève les exemples suivants, extraits d'un roman de CHESTER HYMES où le verbe est au présent:

(i)a. *Ain't no law against it.*
    'Y a pas de loi contre ça.'

  b. *Ain't nothing but smoke.*
    '(Ce) n'est que de la fumée.'

[9] KOUWENBERG (1987) note également l'absence de formes pléonastiques lexicales, quelle qu'en soit la nature, dans différents dialectes du papiamento, un créole à base lexicale néerlandaise. Elle signale que le papiamento n'est pas une langue à sujet vide.

[10] SHLONSKY (1987) incorpore le trait [+/− personne] à l'ensemble des traits grammaticaux sous AGR. Il réussit ainsi à montrer que ce dernier trait joue un rôle significatif dans la grammaire de l'hébreu.

[11] Un autre exemple de ce type de grammaire pourrait être celle du portugais populaire puisque dans ce dialecte les sujets pléonastiques doivent être lexicaux. Il faut noter que le portugais (européen) populaire présente, par ailleurs, la plupart des caractéristiques d'une langue *pro-drop*. Nous remercions MANUELA AMBAR de nous avoir communiqué les faits suivants:

(i)a. *(Ele) parece que o Pedro esta doente.*
    'Il semble que Pedro est malade.'

  b. *(Ele) ha passoas que nao sabem viver.*
    'Il y a des gens qui ne savent pas vivre.'

  c. *(Ele) tem ehovido muito ultimamente.*
    'Il a beaucoup plu récemment.'

5
Conclusion

Dans cette étude sur la variation dialectale en grammaire générative, nous avons montré comment les données dialectales en syntaxe peuvent être et même doivent être utilisées pour éclairer et améliorer la théorie de la grammaire universelle. En effet, ces données permettent d'élargir l'échantillon des grammaires à étudier et à comparer. Les distinctions, même minimes, qu'elles peuvent fournir sur le fonctionnement interne de systèmes linguistiques étroitement reliés deviennent une source de renseignements très profitable pour parfaire le cadre théorique.

Notre approche reprenait le modèle d'analyse utilisé pour l'étude paramétrique des grammaires dites standard où la variation observée doit toujours s'inscrire dans le cadre de limites bien définies, imposées par le système des paramètres. Nous avons pu observer que les principes universaux et les lois de fonctionnement internes à la théorie s'appliquent de la même façon pour les langues et les dialectes, qui constituent, en réalité, des langues-I. Nous sommes d'avis que cette forme de comparaison, quelquefois très détaillée, qu'il est possible d'établir entre ces différentes langues-I, permet de dégager un niveau d'explication plus satisfaisant au sein de la théorie.

Dans le cadre de la théorie de la grammaire générative, on se représente le modèle d'acquisition comme une fixation hiérarchisée de paramètres internes. Pour toutes les langues (ou dialectes) parlées par les êtres humains, la sélection et la fixation des paramètres s'appuie sur des principes universaux et abstraits. Il existe un nombre important de tels paramètres dans les différents modules de la grammaire. Le fait que, le plus souvent, seule une valeur positive ou négative de chacun d'eux puisse être sélectionnée permet de rendre compte de la variabilité et de la diversité des grammaires.

Par ailleurs, la représentation d'un paramètre dans la grammaire universelle devient une question empirique pour les linguistes qui tentent d'élaborer une théorie de la grammaire universelle. Dans cet ouvrage, nous nous sommes intéressés plus particulièrement au paramètre du « sujet nul ». Ce paramètre bien connu et très populaire dans les travaux de recherche propose de rendre compte des sujets phonétiquement non réalisés dans les propositions à temps fini de l'italien, mais non pas de l'anglais ou du français (voir RIZZI 1982 ; CHOMSKY 1981). Nous avons pu observer cependant que plusieurs données pertinentes dans notre ouvrage soulèvent des questions légitimes sur la typologie linguistique offerte par ce paramètre du « sujet nul ».

Dans le chapitre 2, des données dialectales de différentes grammaires romanes ont fourni des faits essentiels à l'analyse des sujets nuls et des objets nuls en grammaire universelle. Nous avons proposé une analyse unifiée de phénomènes apparemment distincts. Nous avons vu plus précisément que les langues et les dialectes ayant des clitiques sujets ou des clitiques objets se comportent de façon similaire aux langues et dialectes qui possèdent des marques morphologiques dont la richesse permet aux sujets ou objets d'être implicitement représentés dans la phrase.

En ce sens, il est possible d'avancer qu'on opère ici un rapprochement plutôt qu'une distinction entre la grammaire de l'italien standard et celle du français standard, puisque ces deux grammaires deviennent plutôt des « langues à argument nul » où la catégorie vide pro peut être identifiée de différentes façons. La nouvelle distinction proposée se situe alors sur le plan de la récupérabilité et de l'identification de cette catégorie vide. Rappelons que cette récupérabilité peut s'exercer par le biais des marques d'accord morphologiques ou par le biais des pronoms clitiques.

Cette différence, si petite soit-elle, peut être malgré tout à l'origine de distinctions assez importantes ailleurs dans la grammaire, comme l'ont montré les nombreuses études comparatives dans le domaine de la syntaxe des langues romanes.

Au chapitre 3, les structures infinitives hypothétiques du québécois, adjointes à une forme de proposition consécutive, présentent également des caractéristiques qui permettent un tel rapprochement. En effet, nous avons observé que la catégorie vide en position sujet de cette construction adjointe pouvait non seulement prendre des valeurs référentielles mais aussi admettre la valeur d'une catégorie vide non argumentale.

Rizzi (1982) avait déjà noté un tel phénomène dans des constructions gérondives adjointes en italien et il avait alors posé l'hypothèse que, si de telles interprétations étaient possibles en italien mais non pas en français standard, il fallait attribuer cette différence au paramètre du « sujet nul ». Cependant, la présence d'une telle structure dans une variété de français qui ne permet pas, par ailleurs, « des sujets phonétiquement non réalisés dans une proposition à temps fini » nous invite à remettre en cause cette analyse de la typologie des langues.

Une étude détaillée de cette construction peu connue et de ses différentes caractéristiques syntaxiques et sémantiques a permis de constater qu'elle obéit de façon générale aux principes abstraits et aux lois de fonctionnement des différents modules de la grammaire en ce qui a trait à l'analyse des structures adjointes.

Au chapitre 4, l'analyse de la distribution des explétifs vides et lexicaux dans la grammaire du créole haïtien, dans le dialecte anglais de Terre-Neuve et dans une forme dialectale de l'italien, indique clairement que les explétifs vides ne sont pas, d'une façon générale, toujours directement liés au paramètre du « sujet nul ». Le fait de dissocier l'apparition des sujets pléonastiques vides du cas des langues à sujet nul où les explétifs sont presque toujours des éléments vides nous a amenés à formuler une tentative d'explication pour des faits grammaticaux moins connus appartenant à des langues non standard. On a pu remarquer que des traits grammaticaux de temps et de nombre peuvent également jouer un rôle dans l'identification des formes explétives vides. De toute manière, les faits observés dans ces différentes grammaires viennent appuyer le principe général, avancé dans Chomsky (1986b), suivant lequel un explétif (lexical) ne peut apparaître sans être relié à un argument.

Enfin, nous tenons à souligner que l'ensemble des faits soulevés et étudiés dans cet ouvrage sur la variation dialectale en grammaire universelle ne sert qu'à illustrer, une fois de plus, le caractère universel de la grammaire. Toutes les langues naturelles possèdent des variétés dialectales et toutes ces grammaires ou ces langues-I correspondent, en grammaire universelle, à des paramètres fixés différemment dans des systèmes linguistiques apparentés. De ce fait, l'étude de la variation paramétrique, non seulement entre langues standard mais aussi entre différentes formes dialectales de celles-ci, comme nous l'avons abordée ici, permet de mieux affronter les problèmes classiques de typologie linguistique et, par conséquent, de mieux identifier les paramètres utilisés ou proposés.

6
Bibliographie

ADAMS, M. (1987): *Old French, Null Subjects, and Verb Second Phenomena.* Thèse de doctorat, University of California, Los Angeles.

AOUN, J. (1979): *On Government, Case-Marking and Clitic Placement.* Manuscrit, MIT (Massachusetts Institute of Technology), Cambridge.

AOUN, J. et D. SPORTICHE (1981): « On the Formal Theory of Government », *The Linguistic Review.* 3:211-235.

ARNAULD et LANCELOT (1780): *Grammaire générale et raisonnée* (4ᵉ édition). Durand Neveu: Paris.

ASHBY, W.J. (1977): *Clitic Inflection in French. An Historical Perspective.* Rodopi: Amsterdam.

ASSELIN, C. et A. MCLAUGHLIN (1981): « Patois ou français: la langue de la Nouvelle-France au 17ᵉ siècle », *Langage et société.* 17:3-58.

AUTHIER, J.-M. (1988): *The Syntax of Unselective Binding.* Thèse de doctorat, University of Southern California, Los Angeles.

BACRI, R. (1983): *Trésors des racines pataouètes.* Belin: Paris.

BAKER, C.L. et J.J. MCCARTHY (dir.) (1981): *The Logical Problem of Language Acquisition.* MIT Press: Cambridge.

BALTIN, M. (1982): « A Landing Site Theory of Movement Rules », *Linguistic Inquiry.* 13:1-39.

BARBAUD, P. (1984): *Le choc des patois en Nouvelle-France.* Presses de l'Université du Québec: Québec.

BEC, P. (1971): *Manuel pratique de philologie romane* (Tome II). A. et J. Picard: Paris.

BELLETTI, A. (1981): « Frasi ridotte assolute », *Rivista di Grammatica Generativa.* 6:3-33.

BELLETTI, A. (1982): « On the Anaphoric Status of the Reciprocal Construction in Italian », *The Linguistic Review.* 2:101-137.

BELLETTI, A. (1988): « The Case of Unaccusatives », *Linguistic Inquiry.* 19:1-34.

BELLETTI, A. et L. RIZZI (1986): « Psych Verbs and Th-Theory », *Lexicon Project Working Papers.* 13, MIT, Cambridge.

BENINCÀ, P. (1984): « L'interferenza sintattica: di un aspetto della sintassi ladina considerato di origine tedesca », *in Elementi stranieri nei dialetti italiani 2.* Centro di studio per la dialettologia italiana, Pacine Editore.

BENNIS, H. (1987): *Gaps and Dummies.* Foris: Dordrecht.

BERTRAND, J. (1978): *Les accords parfaits.* Fernand Nathan: Paris.

BEUKEMA, F. (1985): « Lexical Structures in English Free Adjuncts », *in* P.A.M. SEUREN et A.J.M.M. WEYTERS (dir.) *Meaning and the Lexicon.* Foris: Dordrecht.

BIRDSONG, D. et J.-P. MONTREUIL (dir.) (1987): *Advances in Romance Linguistics.* Foris: Dordrecht.

BLEVINS, J. et J. CARTER (dir.) (1987): *Proceedings of NELS 18.* GLSA, University of Massachusetts, Amherst.

BLOOM, L. (1970): *Language Development: Form and Function in Emerging Grammars.* MIT Press: Cambridge.

BLOOM, L., P. LIGHTBOWN et L. HOOD (1975): *Structure and Variation in Child Language.* Monograph of the Society for Research in Child Language Development, 40.2.

BORER, H. (1983): *Parametric Syntax*. Foris: Dordrecht.

BORER, H. (dir.) (1986a): *Syntax and Semantic* (Vol. 19). Academic Press: New York.

BORER, H. (1986b): « I-Subjects », *Linguistic Inquiry*. 17: 375-416.

BORER, H. (1987): « Anaphoric AGR », Manuscrit à paraître *in* O.A. JAEGGLI et K. SAFIR (dir.) *The Null Subject Parameter*. Reidel: Dordrecht.

BOUCHARD, D. (1984): *On the Content of Empty Categories*. Foris: Dordrecht.

BOUCHARD, D. (1987): *Null Objects and the Theory of Empty Categories*. Manuscrit, University of Texas, Austin.

BOURCIEZ, E. (1930): *Éléments de linguistique romane*. Klincksieck: Paris.

BOUTHILLIER, G. et J. MENAUD (dir.) (1972): *Le choc des langues au Québec 1760-1970*. Presses de l'Université du Québec: Montréal.

BRACO, C., L. BRANDI et P. CORDIN (1985): « Sulla posizione soggetto in italiano e in alcuni dialetti dell'italia centro-settentrionale », *in* A.F. DE BELLIS et L.M. SAVOIA (dir.) *Sintassi e morfologia della lingua italiana d'uso. Teorie e applicazioni descrittive*. Bulzoni: Rome.

BRANDI, L. et P. CORDIN (1981): *On Clitics and Inflection in Some Italian Dialects*. Manuscrit, Scuola Normale Superiore, Pise.

BRUNOT, F. (1922): *La pensée et la langue*. Masson: Paris.

BURZIO, L. (1981): *Intransitive Verbs and Italian Auxiliaries*. Thèse de doctorat, MIT, Cambridge.

BURZIO, L. (1986): *Italian Syntax*. Reidel: Dordrecht.

CAMPOS, H.R. (1986): *Inflectional Elements in Romance*. Thèse de doctorat, University of California, Los Angeles.

CAMPROUX, C. (1958): *Étude syntaxique des parlers gévaudanais*. Presses Universitaires de France: Montpellier.

CARROLL, S. (1982): « Redoublement et dislocation en français populaire », *in* C. LEFEBVRE (dir.) *La syntaxe comparée du français standard et populaire: approches formelle et fonctionnelle*. Éditeur officiel du Québec.

CHAMBERS, J.K. et P. TRUDGILL (1980): *Dialectology*. Cambridge University Press: Cambridge.

CHERVEL, A. (1977): *Histoire de la grammaire scolaire*. Payot: Paris.

CHOMSKY, N. (1957): *Syntactic Structures*. Mouton: La Haye.

CHOMSKY, N. (1964): *Current Issues in Linguistic Theory*. Mouton: La Haye.

CHOMSKY, N. (1965): *Aspects of the Theory of Syntax*. MIT Press: Cambridge.

CHOMSKY, N. (1977): *Dialogues*. Flammarion: Paris.

CHOMSKY, N. (1979): « Le langage dans le cadre de la connaissance », *in* M. PIATTELLI-PALMARINI (dir.) *Théories du langage. Théories de l'apprentissage*. Seuil: Paris.

CHOMSKY, N. (1981): *Lectures on Government and Binding*. Foris: Dordrecht.

CHOMSKY, N. (1982): *Some Concepts and Consequences of the Theory of Government and Binding*. MIT Press: Cambridge.

CHOMSKY, N. (1986a): *Knowledge of Language*. Praeger: New York.

CHOMSKY, N. (1986b): *Barriers*. MIT Press: Cambridge.

CHOMSKY, N. (1987): *Language and Problems of Knowledge*. Manuscrit, MIT, Cambridge.

CHOMSKY, N. et M. HALLE (1965): « Some Controversial Questions in Phonological Theory », *Journal of Linguistics*. 1.2:97-138.

CHOMSKY, N. et M. HALLE (1968): *The Sound Pattern of English*. Harper and Row: New York.

CHOMSKY, N. et H. LASNIK (1977): « Filters and Control », *Linguistic Inquiry*. 8:425-504.

CLIVIO, G.P. et G.G. QUEIRAZZA (dir.) (1978): *Lingue e dialetti nell'arco alpino occidentale*. Centro Studi Piemontesi: Torino.

CONWELL, M.J. et A. JUILLAND (1963): *Louisiana French Grammar*. Mouton: La Haye.

COOPMANS, P., Y. BORDELOIS et B. DOTSON SMITH (dir.) (1986): *Formal Parameters of Generative Grammar. Going Romance II*. Utrecht.

CORBETT, N. (1985): « Compte-rendu de J.-M. LÉARD (dir.) *Travaux de linguistique québécoise 4* », *Revue canadienne de linguistique*. 30.2:193-198.

COUQUAUX, D. (1986): « L'esprit des normes », *in* M. RONAT et D. COUQUAUX (dir.) *La grammaire modulaire*. Minuit: Paris.

COUQUAUX, D. (1986): « L'esprit des normes », *in* M. RONAT et D. COUQUAUX (dir.) *La grammaire modulaire*. Minuit: Paris.

DAVIAULT, P. (1972): « Le français du Canada reste solide », *in* G. BOUTHILLIER et J. MENAUD (dir.) *Le choc des langues au Québec 1760-1970*. Presses de l'Université du Québec: Montréal.

DAVIS, H. (1987): *The Acquisition of the English Auxiliary System and Its Relation to Linguistic Theory*. Thèse de doctorat, University of British Columbia.

DE BELLIS, A.F. et L.M. SAVOIA (dir.) (1985): *Sintassi e morfologia della lingua italiana d'uso. Teorie e applicazioni descrittive*. Bulzoni: Rome.

DE CERTEAU, M., D. JULIA et J. REVEL (1977): *Une politique de la langue*. Gallimard: Paris.

DEVOTO, G. (1978): *The Languages of Italy*. University of Chicago Press: Chicago.

DRESHER, B.E. (1981): « On the Learnability of Abstract Phonology », *in* C.L. BAKER et J.J. McCARTHY (dir.) *The Logical Problem of Language Acquisition*. MIT Press: Cambridge.

DULONG, G. (1952): « La langue franco-canadienne », *Pédagogie Orientation*. 6:148-155, Université Laval.

DULONG, G. (1973): « Histoire du français en Amérique du Nord », *in Current Trends in Linguistics X*. Mouton: La Haye.

DUPUIS, F. et M. LEMIEUX (1987): *Vers une théorie unifiée de l'accord*. Manuscrit, Université du Québec, Montréal.

DURAND, B. (1932): *Grammaire provençale*. Société de la Revue le Feu: Paris.

ELISEU, A. (1986): « A construçao *partcipio absoluto* », *in Actas do II Coloquio de Estudos Linguisticos — Teoria da Linguagem, Teoria da Literatura*. Universidade de Evora, Evora.

EWERT, A. (1943): *The French Language*. Faber: Londres.

FARKAS, D. (1978): « Direct and Indirect Object Reduplication in Romanian », *Papers from the Fourteenth Regional Meeting of the Chicago Linguistic Society*.

FOULET, L. (1935): « L'extension de la forme oblique du pronom personnel en ancien français », *Romania*. 61.

FREI, H. (1929): *La grammaire des fautes*. Kündig: Paris.

GAATONE, D. (1976): « Il doit y avoir — *Il faut y avoir. À propos de la montée du sujet », *Revue romane*. XI.2:245-267.

GOLDBERG, J.R. (1977): *A Sketch of Rivignano Friulian*. Thèse de doctorat, University of Kansas.

GOODALL, G. (1984): *Parallel Structures in Syntax*. Thèse de doctorat, University of California at San Diego.

GREGOR, D.B. (1975): *Friulan. Language and Literature*. The Oleander Press: Cambridge.

GREGOR, D.B. (1982): *Romontsch. Language and Literature*. The Oleander Press: Cambridge.

GRUBER, J. (1967): « Topicalization in Child Language », *Foundations of Language*. 3:37-65.

GUÉRON, J. (1984): « Topicalisation Structures and Constraints on Coreference », *Lingua*. 63:139-174.

GUÉRON, J. (1986): « Avoir », *in* P. COOPMANS, Y. BORDELOIS et B. DOTSON SMITH (dir.) *Formal Parameters of Generative Grammar. Going Romance II.* Utrecht.

GUÉRON, J. et T. HOEKSTRA (à paraître): « T-Chains and the Constituent Structure of Auxiliaries », *in Proceedings of GLOW 1987.* Venise.

HAÏK, I. (1985): *The Syntax of Operators.* Thèse de doctorat, MIT, Cambridge.

HALLE, M. (1962): « Phonology in Generative Grammar », *Word.* 18:54-72.

HARRIS, M. (1978): *The Evolution of French Syntax: A Comparative Approach.* Longman: New York.

HIGGINS, F.R. (1973): « On J. EMONDS' Analysis of Extraposition », *in* J. KIMBALL (dir.) *Syntax and Semantics 2.* Academic Press: New York.

HIRSCHBÜHLER, P. et M.-O. JUNKER (1989): « Remarques sur les sujets nuls en subordonnée en ancien et moyen français », *Revue québécoise de linguistique théorique et appliquée.* 8.

HORNSTEIN, N. et D. LIGHTFOOT (1987): « Predication and PRO », *Language.* 63:23-52.

HUANG, C.-T.J. (1982): *Logical Relations in Chinese and the Theory of Grammar.* Thèse de doctorat, MIT, Cambridge.

HUANG, C.-T.J. (1984): « On the Distribution and Reference of Empty Pronouns », *Linguistic Inquiry.* 15:531-574.

HULK, A.C.J. (1986a): « L'acquisition du français et le paramètre pro-drop », *in* B. KAMPERS-MANHE et Co VET (dir.) *Études de linguistique française offertes à ROBERT de DARDEL.* Rodopi: Amsterdam.

HULK, A.C.J. (1986b): « Subject Clitics and the Pro-drop Parameter », *in* P. COOPMANS, Y. BORDELOIS et B. DOTSON SMITH (dir.) *Formal Parameters of Generative Grammar. Going Romance II.* Utrecht.

HULK, A.C.J. (1986c): « Les clitiques sujets et la théorie linguistique », à paraître *in Les Actes du XVIIIe Congrès international de linguistique et de philologie romanes.* Hambourg.

HYAMS, N. (1986): *Language Acquisition and the Theory of Parameters.* Reidel: Dordrecht.

HYAMS, N. (1987): « The Theory of Parameters and Syntactic Development », *in* T. ROEPER et E. WILLIAMS (dir.) *Parameter Setting.* Reidel: Dordrecht.

HYAMS, N. et O. JAEGGLI (1987): « Morphological Uniformity and the Acquisition of Null Subjects », *in* J. BLEVINS et J. CARTER (dir.) *Proceedings of NELS 18.* GLSA, University of Massachusetts, Amherst.

ILIESCU, M. (1972): *Le frioulan à partir des dialectes parlés en Roumanie.* Mouton: La Haye.

JAEGGLI, O.A. (1982): *Topics in Romance Syntax.* Foris: Dordrecht.

JAEGGLI, O.A. (1986a): « Three Issues in the Theory of Clitics: Case, Doubled NPs, and Extraction », *in* H. BORER (dir.) *Syntax and Semantic* (Vol. 19). Academic Press: New York.

JAEGGLI, O.A. (1986b): « Passive », *Linguistic Inquiry.* 17:587-622.

JAEGGLI, O.A. et K. SAFIR (dir.) (1988): *The Null Subject Parameter.* Reidel: Dordrecht.

JAEGGLI, O.A. et C. SILVA-CORVALÁN (dir.) (1986): *Studies in Romance Linguistics.* Foris: Dordrecht.

JELINEK, E. (1984): « Empty Categories, Case, and Configurationality », *Natural Language and Linguistic Theory.* 2:39-76.

JESPERSEN, O. (1940 et 1961): *A Modern English Grammar.* Allen and Unwin: London.

KAMPERS-MANHE, B. et Co VET (dir.) (1986): *Études de linguistique française offertes à ROBERT de DARDEL.* Rodopi: Amsterdam.

KAYNE, R.S. (1975): *French Syntax. The Transformational Cycle.* MIT Press: Cambridge.

KAYNE, R.S. (1984): *Connectedness and Binary Branching.* Foris: Dordrecht.

KAYNE, R.S. (1985): « L'accord du participe passé en français et en italien », *Modèles linguistiques*, p.73-89, CNRS, Lille.

KAYNE, R.S. (1987): *Facets of Romance Past Participle Agreement*. Manuscrit, MIT, Cambridge.

KELLER, H.-E. (1958): *Études linguistiques sur les parlers valdôtains*. Francke: Berne.

KIMBALL, J. (dir.) (1973): *Syntax and Semantics 2*. Academic Press: New York.

KING, L. et C. MALEY (dir.) (1985): *Selected Papers from the 13th Linguistic Symposium on Romance Languages*. John Benjamins: Amsterdam.

KING, R. (1983): *Variation and Change in Newfoundland French: A Sociolinguistic Study of Clitic Pronouns*. Thèse de doctorat, Memorial University, St. John's.

KING, R. (1985): « Linguistic Variation and Language Contact: A Study of French Spoken in Four Newfoundland Communities », *in* H.J. WARKENTYNE (dir.) *Papers from the Fifth International Conference on Methods in Dialectology*. University of Victoria, Victoria.

KOUWENBERG, S. (1987): *Complementizer PA, the Finiteness of Its Complements and Some Remarks on Empty Categories in Papiamento*. Manuscrit, Amsterdam.

KRATZER, A. (1988): *Stage-Level and Individual-Level Predicates*. Manuscrit, University of Massachusetts, Amherst.

LAFONT, R. (1982): « La privation d'avenir ou le crime contre les cultures », *in Langue dominante, langue dominée*. Edilig: Paris.

LANLY, A. (1962): *Le français d'Afrique du Nord*. Presses Universitaires de France: Paris.

LARSON, R. (1985): « Bare-NP Adverbs », *Linguistic Inquiry*. 16:595-621.

LASNIK, H. et M. SAITO (1984): « On the Nature of Proper Government », *Linguistic Inquiry*. 15:235-290.

LAURENDEAU, P., M. NÉRON et R. FOURNIER (1982): « Contraintes sur l'emploi du PRO-écho sujet en français du Québec », *Revue de l'Association québécoise de linguistique*. 1.1:115-128.

LEBEAUX, D. (1987): « Comments on Hyams », *in* T. ROEPER et E. WILLIAMS (dir.) *Parameter Setting*. Reidel: Dordrecht.

LE BIDOIS, G. et R. LE BIDOIS (1971): *Syntaxe du français moderne*. A. et J. Picard: Paris.

LEFEBVRE, C. (dir.) (1982): *La syntaxe comparée du français standard et populaire: approches formelle et fonctionnelle*. Éditeur officiel du Québec.

LIVER, R. (1982): *Manuel pratique de romanche*. Druck: Chur.

LUSIGNAN, S. (1986): *Parler vulgairement. Les intellectuels et la langue française aux XIIIe et XIVe siècles*. Presses de l'Université de Montréal: Montréal.

MANDET, F. (1840) *Histoire de la langue romane*. Dauvin et Fontaine: Paris.

MANESSY, G. et P. WALD (1984): *Le français en Afrique noire*. L'Harmattan: Paris.

MANZINI, M.R. (1983a): « On Control and Control Theory », *Linguistic Inquiry*. 14:421-446.

MANZINI, M.R. (1983b): *Restructuring and Reanalysis*. Thèse de doctorat, MIT, Cambridge.

MARAZZINI, C. (1984): *Piemonte e Italia. Storia di un confronto linguistico*. Centro Studi Piemontesi: Torino.

MASSAM, D. (1985): *Case Theory and the Projection Principle*. Thèse de doctorat, MIT, Cambridge.

MAY, R. et J. KOSTER (dir.) (1981): *Levels of Syntactic Representation*. Foris: Dordrecht.

MÂZUC, E. (1970): *Grammaire languedocienne. Dialecte de Pézénas*. (1899) Slatkine Reprints: Genève.

MENYUK, P. (1969): *Sentences Children Use*. MIT Press: Cambridge.

MEYER-LÜBKE, W. (1895): *Grammaire des langues romanes* (Tome II). Welter: Paris.

MEYER-LÜBKE, W. (1900): *Grammaire des langues romanes* (Tome III). Welter: Paris.

MOIGNET, G. (1965): *Le pronom personnel français*. Klincksieck: Paris.

MORIN, Y.-C. (1985): « On the Two French Subjectless Verbs *voici* and *voilà* », *Language*. 61:777-820.

NAAMAN, A. (1979): *Le français au Liban*. Naaman: Beyrouth.

NYROP, K. (1925): *Grammaire historique de la langue française* (Tome V). Gyldendalske Boghandel: Copenhague.

OLSZYNA-MARZYS, Z. (1964): *Les pronoms dans les patois du Valais Central*. Francke: Berne.

O'NEIL, W.A. (1987): *Null Expletives in Nicaraguan English*. Communication présentée au 18th Conference on African Linguistics, UQAM, Montréal.

PERLMUTTER, D. (1971): *Deep and Surface Structure Constraints in Syntax*. Holt, Rinehart and Winston: New York.

PERLMUTTER, D. (1978): « Impersonal Passive and the Unaccusative Hypothesis », *Proceedings of the Berkeley Linguistics Society*. 4.

PESETSKY, D.M. (1982): *Paths and Categories*. Thèse de doctorat, MIT, Cambridge.

PETYT, K.M. (1980): *The Study of Dialect*. Andre Deutsch: London.

PIATTELLI-PALMARINI, M. (dir.) (1979): *Théories du langage. Théories de l'apprentissage*. Seuil: Paris.

PLANTA, J. (1776): *An Account of the Romansh Language*. A Scholar Press Facsimile (1972), Menston.

POLLOCK, J.Y. (1987): *Sur la syntaxe comparée de la négation de phrase en français et en anglais*. Miméo, Université de Paris XII.

PRICE, G. (1971): *The French Language: Present and Past*. Edward Arnold: Londres.

QUICOLI, C. (1980): « Clitic Movement in French Causatives », *Linguistic Analysis*. 6.2:131-186.

RAPOPORT, T. (1987): *Copular, Nominal, and Small Clauses: A Study of Israeli Hebrew*. Thèse de doctorat, MIT, Cambridge.

RAPOSO, E. (1987a): « Case Theory and INFL-to-COMP: The Inflected Infinitive in European Portuguese », *Linguistic Inquiry*. 18:85-109.

RAPOSO, E. (1987b): *Prepositional Infinitival Constructions in European Portuguese*. Miméo, University of California at Santa Barbara.

RENZI, L. et L. VANELLI (1982): « I pronomi soggetto in alcune varieta' romanze », *in Studi in onore di G.B. PELLEGRINI*. Padova.

REULAND, E. (1983): « Governing-*ing* », *Linguistic Inquiry*. 14:101-136.

RIVAS, A. (1977): *A Theory of Clitics*. Thèse de doctorat, MIT, Cambridge.

RIZZI, L. (1982): *Issues in Italian Syntax*. Foris: Dordrecht.

RIZZI, L. (1986a): « Null Objects in Italian and the Theory of pro », *Linguistic Inquiry*. 17:501-557.

RIZZI, L. (1986b): « On the Status of Subject Clitics in Romance », *in* O.A. JAEGGLI et C. SILVA-CORVALÁN (dir.) *Studies in Romance Linguistics*. Foris: Dordrecht.

ROBERGE, Y. (1986a): *The Syntactic Recoverability of Null Arguments*. Thèse de doctorat, University of British Columbia.

ROBERGE, Y. (1986b): « Subject Doubling, Free Inversion, and Null Argument Languages », *Revue canadienne de linguistique*. 31:55-79.

ROBERGE, Y. (1987): « Clitic-Chains and the Definiteness Requirement in Doubling Constructions », *in* D. BIRDSONG et J.-P. MONTREUIL (dir.) *Advances in Romance Linguistics*. Foris: Dordrecht.

ROBERGE, Y. (1988): « On the Recoverability of Null Objects », à paraître *in Selected Papers from the 18th Symposium on Romance Languages*. John Benjamins: Amsterdam.

ROBERGE, Y. (1989): « Predication in Romontsch », *Probus*. 1.2.

ROBERGE, Y. et M.-T. VINET (1987): *La variation dialectale dans une théorie paramétrique*. Communication présentée au congrès annuel de l'Association canadienne de linguistique, Hamilton.

ROCHEMONT, M. (1978): *A Theory of Stylistic Rules in English*. Garland: New York.

ROEPER, T. et E. WILLIAMS (dir.) (1987): *Parameter Setting*. Reidel: Dordrecht.

RONAT, M. et D. COUQUAUX (dir.) (1986): *La grammaire modulaire*. Minuit: Paris.

RONJAT, J. (1937): *Grammaire istorique des parlers provençaux modernes* (Tome III). Société des langues romanes, Montpellier.

ROSE, C. (1987): *The Null Subject Parameter: A Description of the English Evidence*. Manuscrit, Université de Sherbrooke.

ROSSINI, G. (1975): *Capitoli di morfologia e sintassi del dialetto cremonese*. La nuova Italia editice: Florence.

ROUVERET, A. (1980): « Sur la notion de proposition finie. Gouvernement et inversion », *Langages*. 60:75-107.

ROUVERET, A. et J.R. VERGNAUD (1980): « Specifying Reference to the Subject: French Causatives and Conditions on Representation », *Linguistic Inquiry*. 11:97-202.

SAFIR, K. (1985): *Syntactic Chains*. Cambridge University Press: Cambridge.

SANDFELD, K. (1965): *Syntaxe du français contemporain*. Droz: Genève.

SAPIR, E. (1968): « La notion de dialecte », traduit de l'américain dans *Linguistique*. Minuit: Paris.

SAPORTA, S. (1965): « Ordered Rules, Dialect Differences, and Historical Processes », *Language*. 41:218-224.

SCHOGT, H. (1968): *Le système verbal du français contemporain*. Mouton: Paris.

SEUREN, P.A.M. et A.J.M.M. WEYTERS (dir.) (1985) *Meaning and the Lexicon*. Foris: Dordrecht.

SHLONSKY, U. (1987): *Null and Displaced Subjects*. Thèse de doctorat, MIT, Cambridge.

STOWELL, T. (1982): « The Tense of Infinitives », *Linguistic Inquiry*. 13:561-570.

STOWELL, T. (1983): « Subjects Across Categories », *The Linguistic Review*. 2:285-312.

STROZER, J. (1976): *Clitics in Spanish*. Thèse de doctorat, University of California, Los Angeles.

TARALDSEN, K.T. (1978): *On the NIC, Vacuous Application and that-t Filter*, distribué par l'Indiana University Linguistics Club.

TOMASINI, G. (1955): *Le palatali nei dialetti del trentino*. Fratelli Bocca: Rome.

TORREGO, E. (1984): « On Inversion in Spanish and Some of Its Effects », *Linguistic Inquiry*. 15:103-129.

TRAVIS, L. (1984): *Parameters and Effects of Word Order Variation*. Thèse de doctorat, MIT, Cambridge.

TULLER, L. (1986): *Bijective Relations in Universal Grammar and the Syntax of Hausa*. Thèse de doctorat, University of California, Los Angeles.

VÉZINA, J.-C. (1985): *Le -oune en français du Canada: Approche synchronique et diachronique selon les points de vue lexicologique, morphologique et sémantique*. Mémoire de maîtrise, Université de Sherbrooke.

VILLIARD, P. (1984): *Infinitives hypothétiques disloquées, INFL et contrôle*. Mémoire de maîtrise, Université de Sherbrooke.

VINET, M.-T. (1984): « La syntaxe du québécois et les emprunts à l'anglais », *Revue de l'Association québécoise de linguistique*. 3.3:221-242.

VINET, M.-T. (1985a): « Lexical Subjects in French Infinitives », *in* L. KING et C. MALEY (dir.) *Selected Papers from the 13ᵗʰ Linguistic Symposium on Romance Languages*. John Benjamins: Amsterdam.

VINET, M.-T. (1985b): *Le contrôle et les contraintes de la grammaire*. Communication présentée au congrès annuel de l'Association canadienne de linguistique, Montréal.

VINET, M.-T. (1987): *Empty Pleonastics in Haitian Creole and a Parametrized INFL*. Manuscrit, Université de Sherbrooke.

VINET, M.-T. (1988a): « Des constructions IP adjointes sur la gauche », *in Actes du premier colloque de la Société de linguistique du Maroc*, p. 145-160, Rabat.

VINET, M.-T. (1988b): *L'accord du participe passé et la variation dialectale*. Communication présentée au Dalhousie International Symposium on French Language and Linguistics, Halifax, à paraître dans *ALFA*. 2.

VINET, M.-T. (1988c): *La distribution des explétifs en créole haïtien*. Manuscrit, Université de Sherbrooke.

VINET, M.-T. (1989): « Des petites propositions adjointes à valeur aspectuelles », *Revue canadienne de linguistique*. 34.

WARKENTYNE, H.J. (dir.) (1985): *Papers from the Fifth International Conference on Methods in Dialectology*. University of Victoria, Victoria.

WARTBURG, W. VON et P. ZUMTHOR (1958): *Précis de syntaxe de français contemporain*. A. Francke: Berne.

WEIJNEN, A. (1974): « Transformational Topolinguistics », *Orbis*. 23:300-315.

WHITE, L. (1983): *The Pro-drop Parameter and L2 Acquisition*. Manuscrit, McGill University.

WILLIAMS, E. (1987): *The Italian Null Object*. Manuscrit, University of Massachusetts, Amherst.

ZRIBI-HERTZ, A. (1984): « Prépositions orphelines et pronoms nuls », *Recherches linguistiques*. 12:46-91.

ZUBIZARRETA, M.-L. (1982): *On the Relationship of the Lexicon to Syntax*. Thèse de doctorat, MIT, Cambridge.

7
Index

Academia della Crusca, 16
Acadien, 79n.18
Accord, 31. *Voir aussi* Richesse morphologique
    et critère-θ, 32
    du participe passé, 20
    et principe de projection, 32
    et récupérabilité, 29
Acquisition, 22, 26, 84, 123
    et dialectes, 23
    et facteurs externes, 22
    du français, 75
    et grammaire générative, 22
    et stimuli, 22-23
    des structures phrastiques, 76
    des sujets nuls, 27, 74-75
    et système inflexionnel, 77
Adams, M., 79n.21
Adjectifs, 94-95
Adjonction, 27, 83
    absence de clitiques, 97
    absence de verbes tensés, 97
    argument externe, 96-97
    et cas, 84, 88, 96-97
    contraintes temporelles, 96
    et contrôle, 84, 100-103, 107n.26
    à CP, 84
    déplacements, 90, 92, 106n.12
    gérondives, 27, 84, 87-89; anglais, 97; en *en*,
        88; français, 87, 97; versus infinitives
        hypothétiques,87-88; non-arguments, 87;
        rôle de INFL, 88-89. *Voir aussi*
        Gérondives
    et gouvernement, 84, 91, 96
    et grammaire universelle, 27
    infinitives introduites par *à*, 86. *Voir aussi*
        Infinitives
    de IP, 84, 90
    et liage, 84
    lien avec la matrice, 96, 103
    mobilité de l'adjointe, 87
    petites propositions absolues, 84; absence de
        forme verbale, 89, 98; et cas ablatif, 99;
        effet défini, 99; introduites par une
        préposition, 90
    rôle de INFL, 96
    structures, 83, 91

    son sujet, 86, 87
    et théorie-θ, 84, 96, 106n.17
    à VP, 91, 95
Adverbes
    aspectuels, 89
    déplacements, 91
    structures adverbiales, 91
Afrique, 17. *Voir aussi* Français (dialectes)
AGR, 35, 118
Algérie, 42, 64
Allemand, 71, 120n.3
Ambiguïtés, 23
Analyse paramétrique, 16, 20. *Voir aussi*
    Paramètres
    et variation, 26, 74
Anaphores, 33, 101
Ancien français, 43, 54
    accord du participe passé, 20
Anglais
    acquisition, 74-78
    adjointes, 97
    contrôle, 101
    dialectes, 117-118; *black english*, 120n.8; du
        Nicaragua, 118; de Terre Neuve, 109,
        117-118, 119
    gérondives, 97, 102
    infinitives, 36, 87
    et objets nuls, 78n.7
    et paramètre du sujet nul, 117
    et pro, 38
    pronoms accusatifs, 98
    pronoms pléonastiques, 120n.7
    et sujets nuls, 35, 47, 54, 58, 81n.44, 109
    that-trace, 35
    to infinitif, 88, 105n.8
    topicalisations, 94
Anglicismes, 72. *Voir aussi* Emprunts
Aoun, J., 59, 106n.15
Aphérèse, 110
Arabe, 54, 64
    objets nuls, 65
    et pro, 59, 60, 73
Arguments
    désinences verbales comme, 34
    externes, 34

nuls, 27, 29, 30, 34, 72; et clitiques, 38; pro
comme, 31; et marques d'accord, 32; et
paramètres, 74; et récupérabilité, 103.
Voir aussi Objets nuls, Sujets nuls
Arnauld, 31
Ashby, W.J., 81n.37
Asselin, C., 42
Authier, J.-M., 78n.7
Autorisation et récupérabilité, 37
Auxiliaires, 105n.6, 106n.14, 111

Bacri, R., 42, 63, 81n.34, 94
Baltin, M., 91, 94, 106nn.18, 19
Barbaud, P., 42
Barrières, 91, 92
Bec, P., 79n.24
Belletti, A., 97, 98, 99, 101, 106n.10, 107n.24,
108n.29
Benincà, P., 71
Bennis, H., 120n.7
Bertrand, J., 19
Beukema, F., 107nn.26, 27
Bloom, L., 74, 82n.45
Bloomfield, L., 17
Bolonais, 40, 45, 55
Borer, H., 59, 60, 73, 78n.5, 81n.42, 101, 102,
104, 107n.26, 108n.31, 115, 119, 120n.1
Bouchard, D., 60, 78n.7, 81n.42, 101
Bourciez, E., 79nn.19, 20
Braco, C., 45, 55, 78n.13
Brandi, L., 45, 78n.13
Brunot, F., 120n.4
Bruxellois, 105n.7
Burzio, L., 20, 98, 116

Campos, H.R., 115
Camproux, C., 39, 48, 49, 50, 78n.10
Canada, 42, 105n.3, 117
Carroll, S., 81n.34
Cas
ablatif, 99
abstrait, 97
accusatif, 98, 100
et adjonctions, 96-97, 84,
datif, 99
inhérent, 84, 97-98, 99, 101; partitif, 98;
et rôle-θ, 97
marquage exceptionnel, 77, 97
nominatif, 36, 96-97; dans l'adjonction, 88;
et clitiques, 97; et INFL, 61
et NP adverbiaux, 107n.22
objectif, 97
partitif, 98-99
et pro, 38, 119
structural, 84, 98; et théorie-θ, 97

Castillan, 25, 78n.9
Catégories vides, 32, 36-37
dans les adjointes, 87, 100
et grammaire universelle, 73
et liage, 72
objets d'une préposition, 66
principe des (*ECP*), 92
et récupérabilité, 120
sujets, 109
typologie, 37
C-commande, 60, 100
définition, 107n.28
Chambers, J.K., 26
Champenois, 16
Chervel, A., 19
Chine, 16, 17
Chinois, 32, 34, 77
Chomsky, N., 17, 18, 21, 24, 28n.5, 29, 31,
35-37, 78n.4, 83, 84, 87, 88, 91, 92, 96, 97,
101, 103, 106nn.16, 17, 116, 118, 120, 120n.7,
123, 124
Cliticisation, 43-45. *Voir aussi* Clitiques
analyses non-transformationnelles, 79n.23
analyses transformationnelles, 44, 79n.23
et réduction phonologique, 43
du sujet; dialectes italiens, français, ladins, 45
Clitiques. *Voir aussi* Clitiques objets, Clitiques
sujets
absence dans les petites propositions, 89
et arguments nuls, 38
et cas, 60-61
et catégories vides, 65
gévaudanais, 49-51
et grammaire universelle, 38
nature et rôle, 38
et NP lexical, 65
et pro, 60
réciproques, 101
et récupérabilité, 29
redoublements, 116. *Voir aussi* Redoublements
relation avec NP argument, 45
et rôle-θ, 60
romanche, 46
sujet versus objet, 61
Clitiques objets, 27, 79n.22. *Voir aussi* Clitiques
et cas, 61
possibilités, 62
et pro (représentation), 59
Clitiques sujets, 27. Voir aussi Clitiques
et adjonction, 97
et cas nominatif, 97
différences paramétrisées, 61
français versus dialectes italiens, 81n.32
et grammaire universelle, 81n.32
dans INFL, 61

et morphologie verbale, 58
position, 58
possibilités, 62
et pro (représentation), 58, 61, 62
et sujets nuls, 57, 58, 62
typologie, 57, 58
Clivio, G.P., 78n.14
Communauté linguistique, 22, 26
Complémenteur *à*, 69
Conditionnel, 83, 87
Connectivité, 95, 101
Constructions parallèles, 95
Contraintes universelles, 21
Contrôle, 81n.42, 84
    et adjonctions, 84, 85, 100-103, 107n.26
    en anglais, 101
    et c-commande, 100
    et liage, 101
Conwell, M.J., 79n.16, 81n.33
Corbett, N., 84
Cordin, P., 45, 78n.13
Coréen, 32
Coréférence, 93
Couquaux, D., 28n.3, 111
Créations lexicales, 17
Crémonais, 40, 45, 109, 119
    redoublements, 55
    sujets pléonastiques, 115-116
Créoles, 28n.1. *Voir aussi* Papiamento
    haïtien, 112-115, 119; et accords
        morphologiques, 112; particule de temps,
        114; sujets pléonastiques, 109; verbes
        impersonnels, 113-114

Daviault, P., 42
Davis, H., 75-77, 82n.47
De Certeau, M., 28n.3
Déplacer α, 31
Désinences verbales, 32. *Voir aussi* Accord
    comme arguments, 34
    et pro, 58
Devoto, G., 16
Dialectes. *Voir aussi* Variation
    et acquisition, 23
    différence avec langues, 26
    en grammaire générative, 26
    et grammaire universelle, 21-22, 23, 123-125
    interférence avec langues, 18
    et langues, 15-17, 23
    et langues standard, 26
    et langue-I, 21, 125
    et notions de qualité et de pureté, 63
    et paramètres, 26
Dialectologie, 23, 24
    générative, 24

Dictionnaires, 18
Dislocations, 45
Dolomite, 40, 41
Dresher, B.E., 28n.5
Dulong, G., 42, 85, 102
Dupuis, F., 20
Durand, B., 80n.25

ECP. *Voir* Catégories vides
Effacements syntaxiques, 31, 35
Effet défini, 23, 98, 99
Eliseu, A., 97
Ellipse, 79n.19. *Voir aussi* Arguments nuls, Objets
    nuls, Sujets nuls
Emprunts
    et acquisition, 72
    lexicaux, 72
    et redoublement de l'objet, 64
    et redoublement du sujet, 63-64
    syntaxiques, 71
Espagnol, 37, 64
    accord du participe passé, 20
    dialectes, 29, 42, 54; d'Amérique du Sud, 25;
        de la Rio Plata, 54. *Voir aussi* Castillan
    objets nuls, 65
    pro objet, 59
    sujets nuls, 58
    topicalisation, 107n.20
Espéranto, 28n.4
Études normatives, 18. *Voir aussi* Norme
Ewert, A., 79n.20
Expressions référentielles, 33

Farkas, D., 59
Florentin, 40, 45, 57, 58
    redoublements, 55, 116
    sujets pléonastiques, 115
Focus, 106n.18
Forme logique, 120n.6
Foulet, L., 79n.20
Franbanais, 42, 54, 64
Français, 22, 84
    absence de INFL à COMP, 86
    acquisition, 75, 77
    ancien. *Voir* Ancien français
    aphérèse, 110
    assignation du cas, 97, 98
    clitiques, 43, 44, 51, 58, 61, 80n.29
    déplacements de IP, 93
    dialectes, 24, 42, 103; d'Afrique noire, 42,
        79n.16; d'Amérique du Nord, 79n.18;
        de Terre Neuve, 79n.18; du Togo,
        81n.33. *Voir aussi* Acadien, Bruxellois,
        Franbanais, Louisianais, Pied-noir,
        Québécois

écrit versus oral, 105n.4
gérondives, 87, 97, 102
et grammaire universelle, 23
infinitives, 37, 86, 87
inversion stylistique, 116
et langue-E, 17
moyen. *Voir* Moyen français
NP indéfinis, 99
objets nuls, 65, 78n.7
et paramètre du sujet nul, 22, 103
participes, 28n.2, 80n.27
perte des sujets nuls, 43, 79n.19
populaire, 55, 110
prépositions orphelines, 65-71
et pro, 59, 69, 73, 108n.32
pronoms accustifs, 98
que-qui, 78n.3
sujets; non référentiels, 102; nuls, 57, 58, 75; pléonastiques, 109
topicalisation, 94, 95
France, 16, 39, 42, 55, 78n.12
Francien, 16
Franco-provençal, 39, 48, 52, 78n.12, 120n.2. *Voir aussi* Valais, Valdôtain
Frei, H., 18
Frioul, 40, 78n.15
Frioulan, 29, 40-41, 58
absence de sujets nuls, 54
clitiques, 41
dialecte rivignano, 46
redoublements, 56

Gaatone, D., 110
Gaule, 39
Gérondives, 84. *Voir aussi* Adjonction
en anglais, 97
et cas datif, 99
en français, 97
en italien, 102
et pro, 108n.31
sujet non référentiel, 102
Gévaudanais, 39, 48-51, 58, 80nn.27, 28
et autres dialectes occitans, 49
clitiques, 49, 51
objets directs, 49-50
participes passés, 50
pronom pléonastique, 49
redoublements, 50, 54
sujets nuls, 54
Goldberg, J.R., 40, 46, 81n.35
Goodall, G., 95
Gouvernement, 60, 72
dans l'adjonction, 84, 96
propre (définition), 106n.15
et récupérabilité, 37

Grammaire, 15, 16
et adjonction, 83
générative; et dialectes, 26; et traditionnelle, 18
scolaire, 18
traditionnelle, 18, 19, 20
Grammaire universelle, 15, 18, 23, 24, 28n.4, 84
et catégories vides, 73
et clitiques, 38, 81n.32
et dialectes, 21-22, 23, 123-125
et langue-I, 21
et paramètres, 26
et PRO, 73
et pro non référentiel, 119
et récupérabilité, 29
et redoublement du sujet, 64
et structure génétique, 22
et variation, 26
Gregor, D.B., 40, 41, 46, 78n.15
Grisons, 41
Gruber, J., 82n.45
Guéron, J., 99, 111, 113

Haïk, I., 95
Halle, M., 24, 28n.5
Harris, M., 43
Hausa, 69
Hébreu, 115, 120n.1, 121n.10
et pro, 59, 60, 73
pronoms pléonastiques, 120n.7
sujets nuls, 73
Higgins, F.R., 94
Hirschbühler, P., 43
Hoekstra, T., 99, 111
Hollandais, 120n.7
Hornstein, N., 98
Huang, C.-T.J., 78nn.2, 6
Hulk, A.C.J., 29, 75-76, 81n.37
Humboldt, W. von, 21
Hyams, N., 74-76, 77, 82n.46
Hypothétiques. *Voir* Infinitives

Idéologie linguistique, 28n.3
Iliescu, M., 40, 41
Infinitives, 36. *Voir aussi* Adjonctions
en anglais, 87
et cas datif, 99
en français, 87; et anglais, 77
hypothétiques, 27, 83, 87; comme innovation syntaxique, 84; et pro, 102-103; en québécois, 92
non-autonomie, 87
et pro, 108n.31
avec sujet lexical, 77

INFL, 35, 36, 78n.5
  dans les adjointes, 88
  anglais *to*, 88
  et cas nominatif, 61, 98
  et contraintes temporelles, 96
  déplacement dans COMP, 86
  gouverne les adjointes, 91
  et identification, 103
  dans les petites propositions, 79n.24, 89
  et pro, 37, 102
  rôle dans l'adjonction, 96, 99
  structure interne, 87
  et sujets pléonastiques, 109
Inversion libre, 35
  et extraction du sujet, 36
  et PRO, 78n.4
  et sujets nuls, 36, 37
  et sujets pléonastiques, 116
IP, 93
Italie, 16, 40, 41, 78n.12
Italien, 22, 37, 51, 54
  accord du participe passé, 20
  adjointes absolues, 97
  dialectes du Nord, 29, 37, 40, 41, 42, 61, 75,
      103; absence de sujets nuls, 54;
      adjonction, 83; pronoms, 53;
      redoublement du sujet, 55, 81n.38. *Voir
      aussi* Bolonais, Crémonais, Florentin,
      Milanais, Modenais, Padouan,
      Piacentais, Piémontais, Trentais, Turinois
  extraction du sujet, 36
  gérondives, 27, 102
  INFL à COMP, 86
  inversion libre, 33, 36
  NP indéfinis, 99
  objets nuls, 65, 78n.7
  et paramètre du sujet nul, 22, 103
  petites propositions absolues, 106n.10
  et pro, 31, 38, 108n.34, 59
  sujets non référentiels, 102
  sujets nuls, 30, 32-34, 35, 36, 43, 58, 109
  topicalisation, 85, 94

Jaeggli, O.A., 37, 54, 59, 60, 67, 77, 78n.6
Japonais, 32, 77
Jelinek, E. 32
Jespersen, O., 97
Jeux de mots, 20
Juilland, A., 79n.16, 81n.33
Junker, M.-O., 43

Kayne, R.S., 20, 44, 52, 61, 95, 99, 101
Keller, H.-E., 78n.12
King, R., 79n.18, 117

Kouwenberg, S., 119, 121n.9
Kratzer, A., 105n.9

Ladin, 40, 41, 71. *Voir aussi* Dolomite, Frioulan,
    Romanche
Lafont, R., 17
Lancelot, 31
Langage, 17, 18
  et cerveau, 15
  créativité, 20
  et environnement social, 15
  et variété, 15
Langue
  et apprentissage, 15
  et dialectes, 15-17, 23; différences, 26;
      interférences, 18
  écrite, 17
  littéraire, 16
  non-configurationnelle, 32
  parlée, 17
  romanes, 16
  savante, 16
  standard, 16, 21; et dialectes, 26; économie
      et politique, 16-17
Languedocien, 19
Langue-E, 17, 18
Langue-I, 20
  et dialectes, 21
  et GU, 21
Lanly, A., 42, 63, 64, 79n.17, 81nn.34, 38
Larson, R., 107n.22
Lasnik, H., 31, 35, 90
Latin, 16, 28n.4, 31, 39, 43, 47, 55, 79n.21, 99
Laurendeau, P., 81n.34
Lebeaux, D., 81n.43
Le Bidois, G., 18, 86, 99
Le Bidois, R., 18, 86, 99
Lefebvre, C., 43
Lemieux, M., 20
Lexique français, 17
Liage
  et adjonction, 84
  et catégories vides, 72
  conditions, 36; définition, 33
  et contrôle, 101
  et pro, 72
  théorie, 33
Liban, 64
Lightfoot, D., 98
Liver, R., 41, 47, 79n.24
Lortie, S., 42
Louisianais, 42, 79n.18
  redoublement avec *ça*, 81n.33
Lusignan, S., 16

McLaughlin, A., 42
Mandarin, 16
Mandet, F., 78nn.8, 10
Mannessy, G., 79n.16, 81n.33
Manzini, M.R., 81n.42, 101
Marazzini, C., 78n.14
Marquage-L, 93, 95
    définition, 106n.16
Marques d'accord. *Voir aussi* Accord
    et arguments nuls, 32
Martin, E., 42
Massam, D., 77
Mâzuc, E., 19
Menyuk, P., 82n.45
Meyer-Lübke, W., 54, 58, 79n.21, 80n.26
Milanais, 40, 45
    redoublement, 55
Modenais, 55
Moignet, G., 79n.20
Morin, Y.-C., 110, 111, 120nn.2, 3
Morphologie verbale
    et clitiques sujets, 58
Mots d'esprit, 20
Mouvement (règles de), 91
Moyen français, 43

Naaman, A., 54, 64, 79n.16
Négation, 105n.8
Normand, 16
Norme, 18, 83
NP
    adverbiaux, 107n.22
    définis, 107n.24
    indéfinis, 107n.24; versus génériques, 107n.25
Nyrop, K., 31, 58, 79n.20

Objets arbitraires, 67
Objets nuls, 27, 65
    en anglais, 78n.7
    en français, 78n.7
    en italien, 78n.7
    dans les PP, 66
Occitan, 39, 49, 58, 78n.10. *Voir aussi*
Gévaudanais
    participes passés, 80n.10
    pronoms, 48
    et sujets nuls, 48
Olszyna-Marzys, Z., 39, 40, 52, 78n.11
O'Neil, W.A., 118, 119

Padouan, 40, 45
Papiamento, 119, 121n.9
Paramètres, 20, 21. *Voir aussi* Analyse
paramétrique, Sujets nuls (paramètre)
    et dialectes, 26

et grammaire universelle, 26
Parenthétiques, 90
Parler régional, 16
Parole, 17
Participes
    passés; accord, 19; français, 106n.14;
        gévaudanais, 50; provençal, 80n.27
    présents, 28n.2
Pataouète. *Voir* Pied-noir
Pays Basque, 17
Perlmutter, D., 34, 98
Pesetsky, D.M., 95
Petites propositions, 67-68. *Voir aussi* Adjonction
    absolues, 84; absence de clitiques, 89; absence
        de forme verbale, 89; introduites par une
        préposition, 90; en Italien, 106n.10
    en haïtien, 113
    et INFL, 89
    position sujet, 115
    sélectionnées par *être*, 111
Petyt, K.M., 26
Phonologie, 23
    générative, 24; et variation dialectale, 25
Piacentais, 40, 45
    redoublement, 55
Picard, 16
Pied-noir, 42, 81n.34
    absence de sujets nuls, 54
    clitiques, 29
    pronoms, 53-54
    redoublements, 53-54, 55, 63-64, 65
    topicalisation, 94-95
Piémontais, 40, 45
    redoublement, 55
Planta, J., 47
Pollock, J.Y., 105nn.6, 8
Port-Royal, 31
Portugais, 37
    accord du participe passé, 20
    infinitives, 105n.5
    INFL à COMP, 86
    participiales absolues, 97
    populaire, 121n.11
Prédicats, 105n.9
Prépositions, 65
    à introduisant l'infinitive, 86
    abstraites, 99, 101
    catégorie vide objet, 66
    dans constructions absolues, 90
    intransitives, 67. *Voir* Prépositions orphelines
    orphelines, 65-67, 70-71; français et anglais,
        66, 71; hypothèse d'emprunt, 71; et pro,
        69
    et pro, 67
    topicalisation des syntagmes, 94-95

Price, G., 43
Principe de projection (étendu), 32, 33, 38, 59, 62, 72
Pro, 29, 31, 37, 109
    en anglais, 38
    arbitraire, 103
    autorisation, 38, 69, 73; par P, 67; par N, 81n.40; par INFL, 81n.40; par V, 81n.40
    et autres catégories vides, 38
    et cas, 38, 60-61
    et clitiques objets, 59
    et clitiques sujets, 58, 61, 62
    conditions d'utilisation, 37
    et désinences verbales, 58
    explétif; et cas, 119; identification, 119; en italien, 108n.34
    dans les gérondives, 108n.31
    gouvernement par INFL, 38
    identification, 38, 109; dans les PP, 70
    dans les infinitives, 102-103, 108n.31
    et INFL, 37, 102
    en italien, 38
    et liage, 72
    non argument, 113
    non référentiel, 103, 104, 119, 120n.1
    dans NP, 59
    objet, 38, 59, 59
    et paramètre, 73
    dans PP, 60
    et PRO, 37
    quasi-argument, 108n.32
    et récupérabilité, 73
    référentiel, 104, 120n.1
    et rôle-u, 60, 61
    sujet, 58, 72, 102
    et variation, 72
PRO, 36, 37, 38, 78n.5
    et acquisition, 73
    arbitraire, 37
    autorisation, 73
    et grammaire universelle, 73
    et paramètre, 72
    pléonastique, 78n.4
    et pro, 37
    et récupérabilité, 73
    et sujets nuls, 36-37
Pronoms, 33
    accusatifs, 97
    atones, 27. *Voir* Clitiques
    effacement de *il*, 110
    explétifs, 75, 120n.6
    français et anglais, 44
    pléonastiques, 41, 46; allemand, 120n.3; anglais, 120n.7; gévaudanais, 49;

hébreu, 120n.7; hollandais, 120n.7.
    Voir aussi Redoublements
    de rappel, 35, 87
    réciproques, 108n.29
Provençal. Voir Occitan
Putonghua, 16

Quasi-arguments, 103, 108n.32
Québec, 17, 42, 64
Québécois, 42-43, 81n.34
    absence de redoublement d'objet, 54
    absence de sujets nuls, 54
    accord du participe passé, 19
    adjectifs en *-able*, 17
    adjonctions, 83-84
    aphérèse, 110
    clitiques, 29
    impératives, 80n.30
    infinitives; adjointes, 27, 87, 90, 102-103, 105nn.3, 7; hypothétiques, 92
    INFL dans les adjointes, 88-89
    mots en *-oune*, 17-18
    pléonastique vide, 111
    pronoms, 53
    redoublement du sujet, 53, 55, 64
    voilà, 120n.2
Queirazza, G.G., 78n.14
Que-trace (effets)
    et langues à sujet nul, 34
    violations, 35
Quicoli, C., 79n.23

Rapoport, T., 19, 89
Raposo, E., 86, 105n.5
Récupérabilité, 27, 29, 65, 120
    et arguments nuls, 30, 103
    et autorisation, 37
    comme condition sur les transformations, 31
    et effacements, 31
    et gouvernement, 37
    et grammaire universelle, 29
    et paramètres, 29
    et variation, 124
Redoublements. *Voir aussi* Clitiques
    avec *ça*, 81n.33
    objet et sujet, 54
    de l'objet; dialectes, 54; franbanais, 54; gévaudanais, 50; hypothèse d'emprunt, 64; pied-noir, 54
    obligatoires, 55
    et pronoms résomptifs, 80n.28
    du sujet, 55-56; dialectes du français, 53-54; hypthèse d'emprunt, 63-64; représentation, 56
Règle R, 36

Relatives
    infinitives, 68, 69
    sans tête, 68
Renzi, L., 45, 53, 55, 75, 78n.14
Reuland, E., 97
Rhétie, 41, 78n.15
Rhéto-roman, 78n.15. *Voir* Ladin
Richesse morphologique, 109. *Voir aussi* Accord
    en romanche, 47
    et sujets nuls, 35, 48
Rivard, A., 42
Rivas, A., 79n.23
Rivignano, 46. *Voir* Frioulan
Rizzi, L., 27, 33, 36, 38, 59, 60, 65, 67, 69, 73, 78nn.7, 13, 81nn.32, 40, 86, 101, 102, 103, 104, 107n.26, 108n.34, 109, 111, 119, 120, 123, 124
Roberge, Y., 53, 78nn.1, 7, 13, 79n.24, 108n.34
Rochemont, M., 94, 106n.18
Romanche, 29, 41
    pronoms, 46
    richesse morphologique, 47
    sujets nuls, 47-48, 54
    sursilvain, 41, 79n.24
    vallader, 41
Ronjat, J. 80n.27
Rose, C., 117, 118
Rossini, G., 115
Roumain, 59, 80n.26
Roumanie, 41
Rouveret, A., 79n.23, 86

Safir, K., 37, 55, 78n.13, 120n.3
Saito, M., 90
Sandfeld, K., 18
Sapir, E., 16
Saporta, S., 25
Schogt, H., 63
Shlonsky, U., 120nn.1, 6, 7, 121n.10
Sicilien, 78n.9
Sousjacence, 23, 66, 106n.19
Sportiche, D., 106n.15
Stowell, T., 87, 111
Strozer, J., 79n.23
Structuralisme, 15, 16
Structure d'argument, 64
Structure génétique, 22
Structures phrastiques
    et acquisition, 76
Suisse, 41, 78n.12
Sujet. *Voir aussi* Sujets nuls
    de l'adjointe, 102
    non référentiel, 102-104
    dans petites propositions, 115
    pléonastique, 27, 109; avec copule, 111; crémonais, 115-116; créole haïtien,

112-115; effacement, 109, 111, 112; florentin, 115; et INFL, 109; et inversion libre, 116; nul, 109, 111; et paramètre du sujet nul, 118; et temps, 116, 117; et théorie-θ, 111; et verbes à montée, 111
    position, 109
    de prédicats adjectivaux et participiaux, 99
Sujets nuls, 27, 29, 35, 109
    et acquisition, 74-75
    et AGR, 118
    en anglais, 81n.44
    et clitiques sujets, 57, 58, 62
    et dialectes, 54
    en français, 75
    en hébreu, 73
    et inversion libre, 36, 37
    en occitan, 48
    paramètre, 22, 27, 102, 103-104, 109, 116, 120, 123-124; et acquisition, 29, 72-75, 78; formulation, 74-75; prédictions, 75; et pro explétif, 108n.34; réglage, 74-75; et sujets pléonastiques, 109, 118; et variation, 72
    et pro, 72
    et PRO, 36-37
    et pronoms explétifs, 75
    propriétés syntaxiques associées, 35
    et richesse morphologique, 35, 48
    en romanche, 47-48
    typologie, 43, 57
Sursilvain, 48. *Voir* Romanche
Swahili, 30, 31
Syntaxe
    comparée, 21
    générative, 24, 26
Système inflexionnel, 77
Système paramétrique, 21. *Voir aussi* Analyse paramétrique

Taraldsen, K.T., 35
Temps (particule en haïtien), 114
θ (thématique)
    critère, 62; et accord, 32
    théorie; et adjonction, 84, 96, 106n.17; et cas inhérents, 97; et cas structuraux, 97; et NP adverbiaux, 107n.22; et sujets pléonastiques, 111
Togo, 81n.33
Tomasini, G., 78n.14
Topicalisation, 66-67
    des AP, 94-95
    condition sur les îlots, 94
    en italien, 85
    en pied-noir, 94-95
    des PP, 94-95

et syntagmes WH, 94
et variation, 106n.18
Torrego, E., 37
Transformations, 31
Travis, L., 111, 120n.3
Trentais, 40, 45, 61
    redoublements, 55, 116
Trous parasites, 95, 101
    et constructions absolues, 107n.21
Trudgill, P., 26
Tuller, L., 68, 69-71
Turinois, 55

V-2, 43
Valais (central), 39
    absence de redoublement d'objet, 54
    pronoms toniques et atones, 39, 52
    sujets nuls, 54
Valdôtain, 78n.12
Vallader, 48. *Voir* Romanche
Vanelli, L., 45, 53, 55, 75, 78n.14
Variation
    approche paramétrique, 15, 26, 74
    et grammaire universelle, 26
    limites, 21
    et paramètre du sujet nul, 72
    et pro, 72, 119
    et récupérabilité, 124
Verbes
    atmosphériques, 102-103. *Voir aussi* Verbes
        météorologiques

en deuxième position. *Voir* V-2
ergatifs, 89, 97, 98, 107n.21
impersonnels, 113-114, 120n.5
inaccusatifs, 98
météorologiques, 110, 112, 114
à montée, 108n.33, 11
passifs, 89, 107n.21
psychologiques, 85, 101
Vergnaud, J.R., 79n.23
Vézina, J.-C., 17-18
Villiard, P., 85, 107n.27
Vinet, M.-T., 19, 20, 71, 78n.1, 79n.24, 88, 90,
    97, 100, 105n.9, 106n.18, 107n.26, 108n.30,
    111, 113, 115

Wald, P., 79n.16, 81n.33
Wallon, 78n.9, 120n.2
Walpiri, 32
Wartburg, W. von, 18
WH, 35, 94
White, L., 74, 75, 76
William le Conquérant (lois de), 47
Williams, E., 78n.7, 108n.34

X′ (X-barre), 32, 98

Zribi-Hertz, A., 66-67, 69-71
Zubizarreta, M.-L., 59
Zumthor, P., 18

Achevé d'imprimer
en août 1989 sur les presses
des Ateliers Graphiques Marc Veilleux Inc.
Cap-Saint-Ignace, Qué.